내 인생을 바꾼 108배

내 인생을 바꾼 108배

하루 15분 108배가 만드는 기적 같은 변화의 힘

박원자 지음

나무를 심는 사람들

홀로 있으며
삶의 의미를 돌아보는가?

들어가는 글

108배 예찬

천 일 동안 매일 3백 배를 하던 일과가 얼마 전 끝났다.

3백 배를 하려면 한 시간 정도의 시간이 필요하니까 하루 한 시간은 조용히 나와 마주한 시간을 가진 셈이다. 이제까지의 나에게서 비약해 좀 더 성숙한 나로 변화하려는 의지와 함께 수십만 번 몸을 구부리면서 그 시간들을 가졌다는 것이 말할 수 없이 흡족하다.

언제부터인가 108배를 하는 사람들에 관한 글을 써야지 했다. 나 자신이 젊은 시절, 108배를 통해 인생의 큰 변화를 가졌기에 그 경험을 꼭 함께하고 싶었다. 매일 절을 하고 난 다음의 느낌, 밤새워 3천 배를 하고 났을 때의 환희로움, 108배를 함께한 세월 속에서 일어났던 내면의 변화, 인생의 변화를 얘기하고 싶었다.

글을 쓰게 된 결정적인 계기는 성철 큰스님께서 스님들은 물론 많은 이들에게 3천 배를 시킨 이야기를 들으면서였다. 절을 하고 난 후의 그 극적인 삶의 변화는 내가 경험한 것 이상이었다.

"나만 그런 것이 아니었구나."

빨리 쓰고 싶었다.

나의 첫 108배

스물세 살 때 처음 절을 해 봤다. 내장사 겨울 수련회에서였다. 그해 가을 불교학자인 이기영 박사님께 불교교리 기초과정을 듣고 그 깊은 진리에 푹 빠져서 불교에 입문한 지 몇 달 만이었다. 낙엽이 수북이 쌓여 있던 겨울의 내장사는 무척이나 고즈넉했고 그곳에서 선배, 동료들과 1080배를 했다. 겨울의 차디찬 법당에서 이십여 명이 절을 하는데, 앞에서 절을 하는 선배 한 분의 스웨터에서 김이 모락모락 나고 있는 게 보였다.

"도대체 왜 저렇게 땀을 흘리면서까지 절을 하는 거지?"

이것이 절에 대한 내 첫 느낌이었다.

처음 절을 해 봤지만 힘들다기보다는 무언가 쑥 내려가는 것 같았다. 아마도 정화의 느낌이 아니었을까 싶은데, 그때는 인생의 고민 같은 것도 별반 깊지 않았을 테니 그 느낌이 무엇인지 잘 모르고 지나갔던 것 같다. 어쨌든 가볍게 느껴졌던 그 느낌이 훗날, 내가 번뇌의 고통에 뒤덮여 거기서 벗어나지 않으면 도저히 안 되겠다 싶을 때, 절을 찾게 하는 첫 경험이 되었다.

그 뒤 간헐적으로 108배를 하고 있었지만, 진정한 108배의 시작은 내 인생에서 가장 막막하고 힘들던 즈음이었다. 자신이 어떤 사람인지 알지 못하면 늘 남의 집에 들어와 사는 머슴처럼 불행하게 산다는 걸 모른 채 마흔 가까이에 다다랐을 때, 나는 비로소 고통에서 벗어날 방법을 찾고 있었고, 그 막다른 모퉁이에서 108배와 만났다.

학문에 뜻을 두고 공부하는 것에 긴 시간을 투자했던 남편은 박사 학위를 받는 것으로 젊음을 마무리했으나 미래가 불확실했고, 나는 나대로 무슨 일이든 해서 경제적 독립을 이루고 싶었으나 여의치 않은 상황이었다. 내 힘든 삶이 사실은 정견이 바로 서지 않은 나 자신에서 비롯된 것임에도 불구하고, 남편 때문이라고 생각하다 보니 그가 원망스러웠다. 마음이 황폐해져 가며 가까운 사람을 원망하고 미워하는 삶이 얼마나 불행한지 온몸으로 느끼면서 매일매일 울고 싶을 때, 「현대불교신문」에서 어느 일간지 편집국장 한 분이 쓴 신행일기를 읽으면서 탈출구를 발견하게 되었다.

오로지 결혼 적령기에 있던 딸이 좋은 배우자를 만나 결혼하기를 바라는 마음에서 백일기도를 시작했는데, 매일 1080배씩을 하고 있다는 거였다. 출근하기 전 새벽 네 시에 일어나서 5백 배를 하고, 퇴근하고 와서 다시 5백 배를 한다는 것이었다. 퇴근 후 직장 동료들과 어울려 술이라도 한잔 하는 날엔 밤늦게 돌아와 절을 하고, 다음 날 새벽에 일어나 다시 절을 해야 하는 것이 여간 고역이 아니지만 하루도 빠짐없이 절을 하고 있다는 내용은 잠재되어 있던 나의 신심을 촉발하기에 신선하고 감동적이었다.

몸이 가벼워지면 마음도 가벼워진다

그 글을 읽은 순간 '내가 변화할 수 있는 방법은 바로, 이거다!' 하는 내면의 소리가 들려왔고, 바로 그날 밤부터 하루에 1080배를 하는 것으로 백일기도를 시작했다. 갈피를 잡지 못하고 고통 속을 윤회했던 내 인생이 자유로움을 향해 과감히 돌아선 시점이었다.

그동안 마음이 답답할 때마다 새벽에 집과 가까운 절에 가서 108배를 하고, 어느 해 성도절에는 내 발로 걸어가 그 절 신도들 틈에 끼어 밤새도록 3천 배를 하기도 했다. 그렇게 조금씩 절을 하며 자신에 대한 성찰과 하심과 용기, 평화로움 같은 것들을 아주 조금씩 경험했던 것이, 한 사람의 신행일기를 보고 단박에 마음을 내는 데 일조를 했을 것이다.

그렇게 시작한 백 일 동안의 하루 1080배는 돌아보건대 내 인생에서 가장 많은 변화를 불러일으켰고, 역동적인 삶을 살게 했다. 내면의 변화는 물론 외부 환경의 변화도 많은 시기였다.

처음엔 아침에 일어나 5백 배, 나머지 5백 배는 식구들이 모두 잠든 시각에 했는데, 나중에는 신심이 북받쳐 올라와 아침에 한 번 시작하면 그 자리에서 끝내 버리곤 했다. 절을 하기 좋은 체질이었는지 아니면 워낙 변화에 대한 갈망이 컸기 때문이었는지 몸이 힘들다고 느껴 본 적은 없었다. 오히려 날이 갈수록 힘이 났고 몸이 가벼워졌다. 몸이 가벼워지니 마음도 함께 가벼워졌다. 그때 알았다. 몸이 경쾌해질 때 마음도 고요해지고 밝아진다는 것을. 그리고 몸이 제자리를 잡으면 마음도 자연히 본성의 자리로 돌아간다는 것을.

거친 풍랑이 멈춰진 바다처럼 마음 바탕이 고요해지자 차츰 내 모습이 보이기 시작했다. 내가 얼마나 왜곡된 시선으로 세상을 보고 있었는지, 그로 인해 가까운 사람들에게 얼마나 큰 상처를 주었는지 바라보게 되었다. 시시때때로 화가 올라와서 견딜 수 없었던 마음이 누군가로 인해 생긴 것이 아니라 내 잘못된 편견과 굳은 생각에서 나온 것이란 걸 깨닫기 시작한 것이다.

그리고 절을 하면서 무엇보다 크게 깨달은 것은 내가 그동안 얼마나 많은 고정관념을 가지고 살았는가 하는 것이었다. 끊임없이 시비분별을 일삼으며 확신했던 그 고정관념이 나를 구속했고, 그 속박으로 인해 고통이 발생했다는 것을 깨달았을 때는, 정말이지 '환희용약'이라는 말로도 부족할 만큼 기뻤다.

당시 1080배를 하는 데 1시간 40분쯤 걸렸다. 지금은 108배를 하는 데 거의 20분이 걸리지만 그때는 빠르면 10분, 늦어도 12분 정도 걸렸던 것 같다. 나중에는 뒤에서 누군가 보고 '나비처럼 가볍게 절을 한다.'고 했을 정도로 몸의 무게를 느끼지 못하고 했던 기억이 난다. 어떤 사람은 백 일 동안 매일 1080배를 하면서 '아, 제발 내일이 오지 말았으면' 했다는데, 나는 빨리 내일이 왔으면 하고 기다리는 심정이 되었으니, 나의 첫 1080배 기도는 성공적이었다고 할 수 있겠다.

한 십 분쯤 지난 것 같은데 어느덧 1080배의 절을 다하고 났을 때 느꼈던 희열은 지금도 잊을 수 없다. 그러한 희열에 대한 체험이 그 후 계속 절 수행을 하게 했을 것이다. 그때는 참 많은 일을 하고 잠을 서너 시간 자고 일어나도 피곤한 줄 모르고 생기 있는 하루를 보냈다.

현재에 집중하는 힘을 기르다

행복한 감정은 현재에 온전히 집중할 때 생긴다는 것을 절을 하면서 깨달았다. 절에만 집중할 때 번뇌가 사라져 마음이 한없이 편안해지는 것을 경험했기 때문이다. 그래서 108배는 현재에 집중하는 것을 연습시키는 가장 좋은 방편 중의 하나이다. 이십여 년의 오랜 세월이 흐른 지금도 내가 행복해질 수 있는 방법으로 108배를 놓지 않고 있는 이유가 아닐까 싶다.

백 일이 끝나기 전에 많은 변화와 행운이 잇따랐다. 내가 잘할 수 있는 일을 적극적으로 찾아 나서자 자연스레 기회가 다가왔다. 절을 하니 무엇이든 할 수 있겠다는 용기가 무한히 솟아났고 그 용기가 기회를 만들어 주었다. 동국대 역경원 일이 그것이다. 몇 년 동안 이어진 경전 번역의 증의(이미 번역된 내용을 검토하는 작업)와 불교사전을 번역하는 역경원 일은 내 능력을 마음껏 발휘하는 일이 되었고, 정신적 경제적으로 독립하는 견고한 발판이 되어 주었다.

하나가 열리자 많은 것들이 동시에 열렸다. 한문과 불교에 대한 실력이 부족했던 것을 절감하고 봉선사 불경서당을 이끌며 경전을 강의하시던 역경원장 월운 스님께 강의를 들은 것도 빼놓을 수 없는 행운이었다. 몇 해 동안 일주일에 한 번씩 강도 높은 강의를 들으면서 불교를 깊이 있게 이해할 수 있었던 것은 정말 절을 한 공덕 때문이라고 말할 수밖에 없을 것 같다. 당시 공부한 것이 지금 글을 쓰는 데 얼마나 많은 힘이 되고 있는지 모른다. 그때 그렇게 열심히 절을 하며 변화를 갈구하지 않았더라면 오늘날의 내가 있었을까 싶을 정도로 열심히 산 시기였다.

지금도 나는 책 출간을 계획하고 원고를 시작할 때와 마감을 하고 났을 때 장애 없이 최선을 다해 일을 할 수 있기를, 또 원만하게 일이 이뤄질 수 있기를 기도하며 반드시 1080배를 한다. 첫 1080배 백일기도를 하고 나서 만들어진 나만의 경건한 의식이다.

절을 한 공덕으로 인해 생긴 변화는 또 있다. 열심히 기도하며 이웃에게 자비로운 마음을 나누며 사는 도반들을 만나 한 달에 한 번 3천 배를 하며 자신을 돌아보는 기회를 가진 것이다. 진리의 길을 가는 데 동일한 가치를 추구하는 도반만큼 든든한 동지가 어디 있겠는가. 몇 년 동안 산사를 찾아다니며 계속된 1박 2일의 3천 배 정진은 세상을 사는 데 필요한 용기와 지혜를 갖게 하는 소중한 기회였다. 오랜 병원 치료에도 낫지 않던 만성기관지염이 씻은 듯이 사라진 것은 오히려 작은 변화 가운데 하나라고 할 것이다.

무엇보다 반갑고 큰 변화는 온 가족이 108배 동지가 되었다는 것이다. 아이들은 무언가 새로운 일을 시작할 때 시키지 않아도 108배를 하고, 남편은 나보다 더 열렬한 108배 예찬론자가 되었다. 나로 하여금 108배를 시작하게 했던 그는 나도 아직 해 보지 못한 21일 3천 배 정진을 하는 기염을 토하며 확실하게 인생을 바꾸었으니, 나의 첫 기도의 가피는 일파만파 긍정적 효과를 가져온 것이 틀림없다.

다른 사람에게 영향을 끼칠 수 있는 것은 내가 먼저 솔선수범하는 방법밖에 없다. 그들이 변했으면 하고 바란다면 내가 먼저 변화하면 되고, 그 변화의 시작을 108배로 열면 분명 말할 수 없이 큰 행운이 기다리고 있을 것이다.

또 하나의 변화는 취재를 하면서 만났던 노스님들이 하셨던 말씀을 이제 나도 자연스럽게 하게 되었다는 것이다. 스님들은 찾아온 방문객들의 인생살이를 들으시곤 한결같은 결론을 내리곤 했는데, 그건 다름 아닌, '절을 하면 좋을 텐데.' 하시는 말씀이었다. 상대방이 고통에서 벗어나 변화할 수 있는 방법을 내가 경험하고 확실하게 권할 수 있으니 얼마나 감사한 일인가.

고통스러운 속박에서 벗어나 자유롭고 편안한 나로 변화하고 싶은 열망에서 시작한 108배가 이제는 그 무엇을 간절히 추구하지 않아도 그냥 하는 것 자체만으로도 좋은 수행이 되었다. 가끔은 '내가 왜 이렇게 절을 하는가' 하고 생각해 볼 때가 있는데 이렇게 답을 내리곤 한다. 몸과 마음을 낮추어 절을 한 만큼 온전한 생명 그 자체인 불성의 자리에 가까워질 것이라고.

몸이 움직일 수 있을 때까지 절을 하리라 발원하며 요즘도 나는 매일 108배를 세 번 한다. 절을 하면서 많은 부처님의 이름들을 부르기도 하고, 때로는 짧은 경전을 외우기도 한다. 명상 음악을 틀어놓고 그것에 귀 기울이며 절을 하기도 하지만 좋은 것, 아름다운 것조차 마음에서 비우고 싶을 때는 그냥 몸만 움직인다.

그냥 이것도 저것도 다 좋다. 이 삶에서의 마지막 순간을 장엄하게 절하는 것으로 마감했으면 좋겠다는 생각을 가끔 해 보는데, 어쩌면 그 생각도 무거울 수 있겠다 싶어 내려놓고 오로지 지금 절하는 순간 자체에 감사하며 절하고 있다.

삶의 변화를 원하는 사람들에게

누구나 살아가면서 한두 번쯤은 이쯤에서 변화하지 않으면 도저히 안 될 것 같은 위기의 순간이 있다. 어떤 변화 없이 이렇게 가다가는 그대로 무너져 버릴 것 같은 고통스러움이 목까지 차올라 있을 때 말이다. 그러나 변화할 수 있는 방법을 찾기가 생각보다 쉽지 않다. 무엇을 어디서 어떻게 바꿔야 할지 막막하기만 하다.

자신의 고통을 정면으로 응시하고 그것에서 벗어나 자신을 변화시키는 가장 강력한 방편으로 108배를 추천하고 싶다.

책을 펴내면서 내가 하고 싶은 말은 이것이다.

"지금껏 나를 떠밀어 온 이 삶을 바꾸어야 한다고 외치고 싶을 때, 온몸을 던져 절을 해 보라! 어리석었던 지난날을 참회하고 지금 여기의 삶 자체만으로 감사하고 싶어질 때, 공손히 두 손을 모으고 108번 몸을 낮추어 보라."

오랜 시간 품어 왔던 이러한 염원을 모아 지난해, 일 년 동안 「현대불교신문」에 108배를 주제로 글을 연재했다. 이번에 책을 내려고 보니 미진한 부분이 눈에 띄어서 조금 더 보완했다.

인터뷰에 응해 주신 여러분들께 감사드린다. 특히 108배를 권해 세상의 많은 사람들이 고통에서 벗어날 수 있게 지도하신 성철 큰스님께 삼배 올린다. 책을 내는 데 조언을 아끼지 않으신 금강굴 불필 스님, 절 수행에 대한 금과옥조와도 같은 이야기들을 들려주셨던 석남사 스님들께도 감사한 마음을 올린다.

그리고 지금 이 시간에도 108배를 하고 3천 배를 하며 자신을 성찰하는

데 시간을 바치고 계신 모든 분들께 존경하는 마음을 보낸다. 단연코 고통에서 벗어나 자유로운 삶을 원하는 사람들에게 108배를 권하고 싶었던 내 소박한 꿈이 이분들로 인해 이뤄질 수 있었다.

많은 분들이 이 책을 읽고 108배를 해서 우리에게 이미 내재된 힘과 자유를 만끽하고, 행복한 삶을 살았으면 좋겠다.

2018년 겨울

박원자

차례

들어가는 글 | 108배 예찬   7

1장 수행의 힘

- 성철 스님이 절을 시킨 까닭   23
- "3만 배를 마치면 화두를 주마"   35
- "니, 죽고 싶나? 살고 싶나?"   45
- 3천 배의 힘, "불가능은 없다!"   64
- 인간의 한계를 뛰어넘다   71

2장 내 삶도 바뀔까요?

- 자신감을 얻는 데는 절이 최고다   89
- 한 사람의 108배가 만 사람을 살리다   100
- 맹렬히 도전했을 때 삶은 내 것이 된다   111
- 3천 배 고수들이 답하다   122

3장 습관 성형, 운명 개척

- 불안한 청춘들에게   137
- 법륜 스님, 젊은이들에게 108배를 권하다   147
- 뇌를 바꾸는 108배   157
- 108배 초보자를 위한 팁   165

4장 치유와 건강의 108배

- 절 수행 지도자 청견 스님   179
- 올바르게 절하는 법   186
- 몸이 풀려야 인생도 풀린다   195
- 건강과 108배   206
- 나를 위로하는 시간   217

5장 몸과 마음이 열리다

- 108배 하는 자리가 복이 고이는 자리   229
- 세상 모든 엄마들의 108배   238
- 모든 생명의 평화를 위해 기도하다   248
- 남편의 기도   257
- 설악산 봉정암 삼보일배   265

나가는 글 | 행복하고 싶으면 지금 여기에 충실하라   278
참고도서   285

1장

수행의 힘

성철 스님이
절을 시킨 까닭

성철 큰스님은 한국 불교 근현대를 대표하는 선승이다. 스님께서 열반하기 직전 제자들에게 남긴 마지막 말씀이 '참선 잘하라'였을 만큼 참선 수행에 매진할 것을 강조했던 수행자다. 그런 스님께서 참선하라는 말씀보다 더 많이 강조한 법문이 있다.

"자기를 바로 보라. 남을 위해 기도하라. 남모르게 남을 도우라. 일체중생을 대신해서 참회하고, 일체중생이 행복하기를 기도하라."

그러고는 찾아오는 승속과 남녀노소, 지위고하를 막론하고 절을 시켰다. 자신도 평생토록 매일 108배를 거르지 않았다. 왜 그랬을까?

남을 위해 절하라

성철 스님이 해인사 방장으로 계시면서 산문 밖을 나서지 않은 채 도인으로 이름을 날리고 있을 때, 날마다 사람들이 스님을 친견하기 위해 전국 방방곡곡에서 찾아왔다고 한다. 그런데 만날 수 있는 조건이 하나 있었다. 스님이 주석하던 백련암 법당에 들어가 3천 배를 하고 나와야 한다는 것. 그래서 백련암은 항상 절하는 사람들로 붐볐고, 나중에는 절하는 사람들을 수용하기 위해 절을 증축했을 정도다. 그러는 사이 어느새 백련암은 전국에서 절을 잘하는 고수들이 모이는 집결지처럼 되었고, 반세기가 흐른 지금 큰스님은 가셨어도 절을 하는 사람들의 열기로 가득하다.

어느 해 여름, 성철 스님의 명으로 대학생 몇 백 명이 해인사 법당에서 절을 했다. 한여름인지라 입은 옷은 땀으로 달라붙어 보기 민망할 정도였다. 이런 모습을 보고 당시 해인사에 있던 법정 스님이 한 말씀 했다. 예배란 간절함이 우러나와 공손하고 진중해야 하는데, 가쁜 숨을 몰아쉬면서 숫자 채우기에 급급하게 하는 절을 비판한 것이다. 나아가 진정한 참회와 예배가 지닌 뜻을 되새기는 글을 '굴신운동'이라는 제목으로 「불교신문」에 실었다. 성철 스님은 이 글을 보셨는지 못 보셨는지 말씀이 없었는데, 혈기 넘치는 해인사 젊은 스님들이 반발, 법정 스님이 바깥나들이를 간 사이에 스님 방에 있던 물건들을 치워 버렸다. 이로 인해 법정 스님은 두말없이 해인사를 떠났다고 한다. 1968년도의 일이다.

이뿐만 아니라. '자기가 뭐 그리 대단한 사람이라고 3천 배를 해야 만나 준다는 말인가?' 하는 세간의 오해도 많이 받았다. 일련의 이런 일들을 볼 때 절을 해 보지 않은 사람들에겐 3천 배가 맹목적이고 기복적인 행위로 비칠 수도 있겠다 싶다. 어쨌든 세간의 이런 오해의 시선을 의식했는지 성철 스님은 한 신문과의 인터뷰에서 이렇게 말씀했다.

"흔히 3천 배를 하라고 하면 나를 보기 위해 하라는 줄로 아는 모양인데 그렇지 않습니다. 승려라면 부처님을 대행할 수 있는 사람을 말하는데, 어느 점으로 보든지 내가 무엇을 가지고 부처님을 대행할 수 있겠나 하는 생각입니다. 아무리 생각해 봐도 내가 남을 이익 되게 할 수는 없습니다. 그래서 내가 늘 말합니다. '나를 찾아오지 말고 부처님을 찾아오시오. 나를 찾아와서는 아무 이익이 없습니다.' 그래도 사람들이 찾아오지요. 그러면 그 기회를 이용하여 부처님께 절하라고 하는 것이지요. 그래서 3천 배 기도를 시키는 것인데 그냥 절만 하는 것이 아니라 '남을 위해서 절해라, 나를 위해서 절하는 것은 거꾸로 하는 것이다.'라고 말합니다. 그렇게 3천 배 절을 하고 나면 그 사람의 심중에 무엇인가 변화가 옵니다. 그 변화가 오고 나면 그 뒤부터는 자연히 스스로 절하게 됩니다. 처음에는 억지로 남을 위해서 절을 하는 것이 잘 안 되어도 나중에는 남을 위해 절하는 사람이 되고 남을 위해 사는 사람이 되면 그렇게 행동하게 되는 것입니다."

큰 기업을 경영하는 회장이 가족을 데리고 성철 스님을 찾아왔다. 어찌 된 일인지 그들은 누구든 3천 배를 해야 만나 주는 규칙을 깨고 큰스님을 친견하고 이런저런 덕담을 듣고 일어섰다. 그런데 그들이 신발을 신고 댓돌을 내려설 때 큰스님이 일갈하셨다.

"집에 그냥들 가지 마시고 해인사 법당에 가서 3천 배들을 하고 가시오!"

그리고 마침 백련암에 다니러 와 있던 사미니 스님에게 명했다.

"밖에서 저 사람들이 절을 잘하는가 지켜보거라. 소변을 못 참겠다고 하거든 깡통을 넣어 주는 한이 있더라도 절이 끝날 때까지는 법당에서 한 발자국도 나오게 해서는 안 된다."

그날 큰스님의 명을 받아 밤새 법당 밖에서 그들을 지키면서 해인사 하늘에 총총히 빛나는 별빛을 바라보았던 어린 사미니는 지금 은해사 백흥암 선원장으로 계시는 영운 스님이다. 영운 스님의 말씀에 의하면, 그날 생전 해 보지도 않은 절을, 그것도 3천 배를 물 한 모금 마시지 못한 채 마치고 다리를 절뚝거리면서 법당을 나왔던 그 사람들은 가족 모두를 한마음이 되게 했던 그 3천 배를 계기로 큰스님을 오래 찾아뵈면서 계속 절을 했다고 한다.

절을 해 본 사람이면 성철 스님께서 말씀하신 '심중에 변화가 온다.'는 말을 금세 이해할 것이다. 참, 묘하게도 절을 오래 하다 보면 가슴 한복판에 넓은 호수 하나가 만들어진다. 자신을 힘들고 불편하게 했던 원망과 회한, 기대와 미움, 나중엔 기쁨까지도 다 그 호수에 담겨 사라진다. 무심한 마음이 되는 것이다.

무심이란 아무런 마음이 없는 것이 아니다. 사람이 살면서 어떻게 마음

참, 묘하게도 절을 오래 하다 보면 가슴 한복판에 넓은 호수 하나가 만들어진다. 자신을 힘들고 불편하게 했던 원망과 회한, 기대와 미움, 나중엔 기쁨까지도 다 그 호수에 담겨 사라진다. 무심한 마음이 되는 것이다.

이 없을 수 있는가. 이것이 좋다 나쁘다, 저 사람이 좋다 싫다, 잘했다 못했다, 이렇게 둘로 나누는 마음을 갖지 않는 것이다. 그런데 우리 마음에 이미 너무 깊숙이 들어와 있는 이 분별하는 마음을 갖지 않기가 쉽지 않다. 그래서 몸을 엎드려 보는 것이다. 두 무릎을 꿇고 머리를 숙여 보는 것이다. 그러다 보면 둘로 나누며 살아가는 자신이 보이고, 잘못했던 것들이 보이며 너그러워진다.

무심이 되었을 때 욕심과 어리석음이 사라진 본래의 나로 돌아오고, 무엇에도 물들지 않은 본래의 나로 돌아왔을 때 자기를 바로 보게 되고, 참회하는 마음으로 남을 위해 절하게 된다.

그러므로 성철 스님께서 남을 위해 절을 하라고 했던 것은 자기를 바로 보기 위한 방편이며, 이타의 삶을 살기 위한 방편이었을 것이다. 또 남을 위한 것이 자기를 위한 것이며, 더 나아가 그와 내가 하나임을 깨닫게 하기 위한 것이었을 것이다.

일체중생을 위해 매일 참회의 절을 하라

성철 스님이 절을 시킨 또 하나의 이유는 '참회'를 하게 하기 위한 것이었다. 업장을 참회하여 복과 지혜를 더해 가기 위한 방편으로 절을 하게 한 것이다. 성철 스님께서 신도들에게 3천 배를 시키기 시작한 것은 한국전

쟁 직후 안정사 천제굴에 계실 때였다. 수많은 불자들이 소문난 도인을 찾아 천제굴로 왔을 때 불자들에게 가르침을 처음 베푼 곳이다. 당시 스님의 명성을 듣고 찾아와 법문을 듣고는 발심해서 출가하는 사람들이 많았다. 유한한 인생에서의 일시적인 행복을 버리고 영원한 행복을 찾아 나선 사람들이 한둘이 아니었다. 스님은 또, 전쟁으로 인해 몸과 마음이 만신창이가 된 사람들이 찾아와 불공을 드리며 '어떻게 살아야 하느냐'고 물었을 때 불공(부처님에게 공양을 올리는 일)의 참의미를 이렇게 가르쳤다.

"복을 달라는 것으로 불공을 하지 말라. 자신의 죄업을 참회하고 수행하는 것으로 불공을 하라. 중생이 본래 부처임을 자각하고 모든 대상을 부처님으로, 부모로, 스승으로 섬기는 것이 참된 불공이다."

스님은 참회를 하기 위한 수행으로 절만한 수행이 없다고 하면서 찾아오는 사람들에게 108배 하기를 권했다. 몸을 낮추는 동작 자체가 참회의 행위이기 때문이다.

그렇다면 성철 스님께서는 남들에게 절을 시키기만 하고 자신은 하지 않았을까?

열반하신 법전 스님께 들은 이야기다. 법전 스님이 천제굴에서 성철 스님을 모시고 살 때, 하루는 성철 스님께서 스님을 부르시더니 '우리 이제 매일 아침 108배를 함께하자.'고 하시더라는 것이다. 솔선수범하려는 의미와 중생을 대신한 참회의 절이 아니었을까 싶다.

그 말씀이 있은 다음 날부터 새벽 예불을 마치고 나면 두 분이 나란히 서서 108배를 하셨다는 것이다. 성철 스님은 당시 사십대 초반, 법전 스님은 이십대 후반일 때였다.

 법전 스님께서 여든이 넘으셨던 때 성철 선사의 추모주기 행사가 열리던 날, 법당의 영정 앞에서 절을 올리는 모습이 얼마나 공경스러워 보이던지, 절이란 저렇게 정성을 다해 그 순간 나를 전부 던져야겠구나 하는 생각을 한 적이 있다. 그때부터 절을 했던 법전 스님도 생전에 매일 108배를 하셨다. 언젠가 찾아뵈니 쑥스러운 표정을 지으시며 '이제 나이가 들어 한꺼번에 못 한다.'고 하면서 두 번 혹은 세 번으로 나누어 한다고 하셨다.

 이렇게 나란히 서서 108배를 올렸던 두 분 모두 그 후 해인사 방장과 종정을 지냈고, 성철 스님 자신도 입적하기 전까지 매일 새벽에 108배를 하셨다. 절 수행으로 대중들을 지도하고 있는 청견 스님은 젊은 시절, 성철 스님이 고요하고 지극한 정성으로 절하는 모습을 보며 흠모했는데, 자신이 절을 수없이 많이 하고 난 훗날에야 비로소 그분이 모든 중생을 위해 절하신 것을 알게 되었다고 한다.

모든 일에 감사하라

•

성철 스님은 발심해서 막, 출가한 스님들에게도 이렇게 일렀다.

 "일체중생의 죄과罪過는 곧 자기 죄과이니 일체중생을 위하여 매일 108

배 참회를 여섯 번 하되 하루도 빠지지 않고 시행한다. 그리고 건강과 기타 수도에 지장이 생길 때는 모두 자기 업이니 일일 3천 배를 일주일 이상씩 특별 기도를 한다. 또한 자기의 과오만 반성하여 고쳐 나가고 다른 사람의 시비는 절대로 말하지 않는다."

절을 해 보면 기도는 참회로부터 시작해서 감사로 이어져 발원으로 끝난다는 것을 깨닫게 된다. 몸과 마음을 아래로 하다 보면 저절로 참회가 되고 감사하는 마음이 우러나게 된다. 그토록 원망하고 불만이던 것들이 나로부터 비롯된 것이라는 깨달음이 참회로 이어지고 참회로 인해 눈과 마음이 닿는 모든 대상들에게 감사하는 마음이 일어나는 것이다.

그리고 절을 하다 보면 '감사합니다.' 하는 말이 저절로 나오게 된다. 그야말로 지나가는 바람에게노 감사한 절을 하게 된다. 살아 있는 것 자체가 감사로 다가오는데, 이렇듯 모든 것에 감사할 때 마음이 편하다는 걸 느끼게 된다. 감사한 마음이 부처의 자리라는 말이 저절로 이해되는 것이다. 그렇게 감사로 가득 채워질 때 마음이 열리고 넓어지면서 비로소 남을 위한 기도가 되는 것을 경험할 수 있다.

생전에 성철 스님은 법제자인 불필 스님이 처음 절에 간다고 하자 이런 말씀을 하셨다.

"대중 속에서 항상 감사하고 살아야 한다."

그러시고는 모든 일에 감사하며 마음을 다스리게 하는 글을 주셨다. 일상에서 감사하는 마음을 진언처럼 외우고 다니려는 뜻에서 불필 스님의 출가 절인 석남사 스님들은 이 글을 '감사주력感謝呪力'이라 불렀다. 그 내용은 다음과 같다.

"실상實相은 때가 없어 항상 청정하니 귀하거나 천하거나 늙었거나 젊었거나 어린아이이거나 다 부처님같이 섬기되, 아주 나쁜 사람을 지극히 존경하고 원한이 깊은 원수를 깊이 사랑하고 보호하라. 나를 헐뜯고 욕되게 하는 것은 참 법문이요, 침해하는 것은 큰 불사이니, 말없이 항상 기쁜 마음으로 모든 일에 감사하라."

이 글은 한때 석남사 강선당講禪堂(대중들이 모여 발우 공양을 하고 학인들이 공부를 하던 곳) 벽 한가운데 걸려 대중들 모두가 마음에 새겼다. 지금도 불필 스님은 새로 출가하는 사람들과 스님을 찾아오는 인연이 있는 사람들에게 이 글을 인쇄해 선물하며 이렇게 말씀하신다.

"누가 뭐라고 해도 감사해 버리고 나면 일체 시비가 붙지를 않아요. 승가에서도 부딪치지 않고 살 수 없죠. 그러나 우리는 부딪침으로 인해 더 성장할 수 있기 때문에 탁 부딪칠 때 '감사하다'고 외칠 수 있어야 합니다. 감사하다고 생각해야 감사한 삶이 됩니다."

변화의 시작점, 108배

그런데 이렇게 참회하고 감사하는 마음이 한 번 일어나면 다시는 무명으로 떨어지지 않으면 좋겠는데, 안타깝게도 조금만 소홀히 하면 다시 그 자리다. 그래서 반복 또 반복의 수행이 필요할 뿐 다른 방법이 없다.

출가한 지 얼마 안 되는 사미니가 성철 스님께 물었다.

"큰스님, 왜 참회 기도를 해야 합니까?"

"사람은 살면서 항시 업을 짓기 때문에 참회의 절을 해야 하는 것이다."

"자고 나면 다시 업을 짓는데 절을 한다고 무슨 소용이 있을까요?"

"가을이면 날마다 낙엽으로 마당이 가득하지 않느냐? 내일 낙엽이 떨어질 터이지만 매일 쓸다 보면 어느 날엔가는 깨끗해지는 날이 오지 않겠느냐? 마당을 매일 쓰는 것과 쓸지 않는 것은 천지 차이다. 그처럼 끊임없이 참회의 기도를 해서 업을 정화시켜야 한다. 죄업이 멸하면 그 자리에서 복이 생기는 것이다. 그러니 참회하는 것으로 복을 구하고 무량겁토록 참회해야 한다."

우리가 어찌 이번 한 생만을 살아온 생명이겠는가. 그야말로 무량겁토록 윤회하면서 얼마나 많은 생각과 말, 행위를 통해 본래 깨끗한 마음 바탕을 탐욕과 어리석음으로 오염시켰을 것인가. 그래서 성철 스님께서 남을 위해 절하고, 일체중생을 위해 매일 참회의 절을 하라고 하신 말씀은 수행을 왜 하는가에 대한 명법문이 아닐까 싶다.

살면서 우리가 마주치는 모든 문제들은 나의 무의식 속에 저장되었던 업(행위)으로부터 시작된다. 이것이 내가 심어 놓은 것이 언젠가 열매를 맺는 인과의 법칙이다. 우리는 이 인과의 법칙이라는 테두리 안에서 살아

간다. 그러므로 나에게 일어나는 모든 일은, 그것이 내 성취와 관계된 일이든 자식과의 관계든, 나에게 일어나는 모든 일은 나로부터 시작된 것이며 백 퍼센트 내가 극복해서 문제를 풀어 가야 한다. 자기 책임이라고 느끼고 참회하는 것이 문제 해결의 실마리다.

108배를 하는 사람들은 절로 인해 참회가 시작되고 그 참회가 자신을 정화시키며, 자신이 100프로 정화될 때 생명의 본래 근원인 순수 에너지와 하나가 되어 지혜를 활용할 수 있다. 그러므로 참회는 지혜를 활용할 수 있는 시작점이고, 그 시작점에 108배가 있는 것이다.

매일 새벽에 일어나 108배 참회 기도를 하던 성철 스님께 시자가 물었다.

"큰스님, 무슨 큰 죄를 지으셨기에 그렇게 평생토록 참회를 하십니까?"

"자신이 지은 죄만 참회한다면 수행자라 할 수 있는가? 남이 지은 죄도 참회하는 사람이 진정한 수행자다."

성철 스님과 동시대를 함께했던 사부대중들은 그를 부처라 불렀다. 오직 진리를 위해 모든 것을 버렸던 신념과 용기 때문만도, 종정을 지내고 방장의 자리에 있으면서 수많은 중생을 교화했던 힘 때문만도 아니었다. 평생을 쉼 없이 일체중생을 위해 참회의 절을 하는 것으로 솔선수범했기 때문일 것이다.

"3만 배를 마치면 화두를 주마"

부처님 오신날 며칠 전에 울산에 있는 석남사에 다녀왔다. 석남사는 내가 절 수행에 대한 글을 쓰는 데 계기가 되어 준 절로 마치 친정처럼 푸근하고 편하게 느껴지는 곳이다. 강력한 리더십으로 후학들을 이끌며 비구니 승가의 출가 정신을 확립시키는 데 앞장서고 석남사가 종립 비구니 선원이 되는 데 초석을 세운 인홍 스님의 일대기를 쓰느라 인연이 되었다.

십여 년 전, 인홍 스님의 제자 스님들을 뵙기 위해 처음 석남사를 방문했을 때도 초록빛으로 싱그러운 5월이었다. 인홍 스님의 제자 스님들께선 존경해 마지않는 스승에 대해 열과 성의를 다해 은사와 함께했던 세월을 증언해 주셨다. 나는 이야기를 듣는 며칠 동안 아름다운 이야기에 흠뻑 빠져 시간 가는 줄 몰랐다.

그때 들은 많은 이야기들이 마음속에 간직되어 있어서인지 석남사에 갈 때마다 마치 내가 살았던 곳처럼 친근하게 느껴진다. 특히 절 수행에 관한 전설과도 같은 이야기들은 108배 수행에 대해 글을 쓰게 되는 동인이 되었다.

인홍 스님을 비롯해 석남사 스님들은 성철 큰스님의 지도 아래 화두를 받아 정진했고, 특히 화두를 받기 전 3천 배 하는 것을 기본으로 했다. 인홍 스님은 석남사에 처음 선방을 열었을 때 외부에서 스님들이 입방을 드리러 오면 무조건 매일 108배 대참회를 하도록 했다. 절이 익숙하지 않은 스님들에게 간혹 불평의 소리를 들었지만 개의치 않고 실시해 오늘날까지 전통이 되었다. 석남사 대중 스님들은 새로운 일을 시작할 때 3천 배를 하고 시작했다고 한다. 아침 공양이 끝나면 모든 스님들이 모인 곳에서 자신의 의지를 이렇게 고했다.

"제가 어떤 일을 시작하고자 하는데 오늘 3천 배를 하고 시작하겠습니다."

"며칠 동안 1080배, 3천 배를 하겠습니다."

"백 일 동안 천 배를 하겠습니다."

모두에게 자신의 의지를 알렸기 때문에 끝을 내지 않을 수 없는 효과도 있었을 뿐만 아니라 그 이야기를 들은 다른 스님들은 그 기도를 마음으로 응원하고 지켜 주게 되었다.

지금도 저녁 예불 후 모든 스님들이 108배를 한다. 석남사 금당선원과 정수선원에서 정진하는 수좌 스님들도 매일 108배를 하는 것을 규칙으로 하고 있으니까, 석남사만큼 절 수행을 철저히 하는 곳도 그리 흔하지 않을 것이다

저녁나절에 도착하니 선원장인 법희 스님께서 반갑게 맞아 주셨다. 1950년대 후반에 스승인 인홍 스님을 따라 석남사에 들어오셔서 어느덧 여든여덟의 노스님이 되셨다. 어찌나 자비한 모습을 지니고 계신지 처음 뵀을 때 관세음보살의 화신과 같다는 생각이 들었던 분이다. 십여 년의 세월이 흘렀어도 여전히 단아한 모습을 간직하고 계셨다.

법희 스님도 성철 스님께 화두를 받기 위해 수만 배의 절을 했다. 당시 성철 스님은 화두를 받으러 온 스님들에게 반드시 최소 3만 배를 시켰다고 한다. 방석을 펼 생각도 하지 못한 채 법당 마룻바닥에서 매일 절을 한 탓에 무릎이 까지고 피가 철철 흘러도 신심으로 북받쳐 그만둘 생각을 하지 못했다. 열흘 동안 매일 3천 배씩 3만 배를 하고 성철 스님께 화두를 받고 돌아올 때는 세상을 다 얻은 듯 기뻤다고 하시니, 그렇듯 빛나는 초발심 시절이 있었기에 오늘날 스승의 뒤를 이어 석남사를 이끌고 있을 것이다.

"스님, 요즘도 108배 하고 계셔요?"

"새벽 세 시에 일어나 새벽 예불을 하고 나서 108배를 했는데, 얼마 전 백내장 수술을 받았습니다. 의사 선생님이 회복될 때까지 엎드리지 말라고 해서 요즘은 못하고 있는데 회복되는 대로 다시 해야지요."

성철 스님은 화두를 받으러 온 스님들에게 반드시 최소 3만 배를 시켰다. 방석을 펼 생각도 못한 채 법당 마룻바닥에서 매일 절을 한 탓에 무릎이 까지고 피가 철철 흘러도 그만둘 생각을 못했다. 그렇듯 빛나는 초발심 시절이 있었기에 한평생의 세월을 수행자로 올곧이 살 수 있었다.

선원장 스님의 도반이자 석남사 선원 책임자인 유나를 지내신 현묵 스님은 당시를 이렇게 회상했다.

"출가하고 『초발심자경문』을 공부하면서 세상사 모든 것이 내 맘에서 사라졌어요. 오직 큰스님께 '화두'를 받아서 참선 공부를 해야겠다는 생각 하나만 했죠. 마산 성주사에서 살 때인데 얼마나 마음이 급하던지 어른 스님들이 출타하신 틈을 타서 도반 두 사람과 셋이 안정사에 계신 성철 큰스님을 찾아뵈러 갔죠. 마산에서 출발해 고성까지 일부러 차를 타지 않고 걸어서 태산같이 느껴졌던 산을 넘어 큰스님께 가서 화두를 달라고 했어요. 그랬더니 이렇게 물으셨어요.

'발도 못 붙이는 기암절벽에 복숭아나무 한 그루가 있는데, 내가 너희들에게 그 나무에서 복숭아를 따오라고 하면 따오겠나?'

그 말씀이 끝나기도 전에 우리 셋이 이구동성으로 대답했어요.

'예, 따오겠습니다.'

그러자 큰스님께서 큰 소리로 웃으시더니 명을 내리시더군요.

'그래? 그러면 너희들이 살던 절로 돌아가서 절 3만 배를 하거라. 하루 3천 배씩 열흘 동안 해서 3만 배를 마치고 다시 오면 화두를 주마.'

성주사로 돌아온 우리 셋은 화두를 받고 싶은 마음이 북받쳐 열흘도 너무 길게 느껴졌어요. 그래서 일주일 만에 3만 배를 마치고 안정사로 달려가 큰스님께 삼배를 올리고 화두를 받았습니다. 그때 산을 넘고 걷고 또 걸으면서 화두를 타러 가던 생각, 3만 배를 하고 오라는 큰스님 명을 받고 돌아와서 절절한 심정으로 절을 하던 때의 심정, 3만 배 하고 화두를 타러 가던 심정, 또 큰스님에게 화두 받던 그때 그 마음이 꾸준했으면 3년 안에 공부가 결단이 났을 겁니다."

석남사 스님들의 정진에 절 수행이 어떤 의미였는지 알 수 있는 말씀이다.

선원장 스님께 인사를 드리고 저녁 예불을 드리러 가는 길에 도문 스님을 뵈었다. 가사장삼을 단정히 수하고 천천히 법당으로 걸어가시는 모습에 위의가 서려 있었다. 스님 역시 인홍 스님의 제자로 석남사에서 평생을 정진한 분이다. 여든 가까이 되셨을 텐데도 한 점 흐트러짐 없이 꼿꼿한 자세로 예불을 드리는 모습이 무척 아름다워 보였다.

예불이 끝난 뒤 108배를 하고 잠시 앉아 있으려니, 법당에 깃든 석남사 스님들의 절 수행에 관한 이야기들이 떠올랐다. 인홍 스님이 오십 대 후반의 나이에 심한 췌장염으로 생사를 헤맬 때, 모든 대중 스님들이 나서서 24시간 절을 하며 스승을 살려 냈는데, 108배에 대한 글을 쓰고자 했을 때 가장 먼저 쓰고 싶었던 감동적인 이야기다.

스승을 살려 낸 기도

석남사에 주석하며 후학들을 이끌고 정진했던 인홍 스님을 일컬어 가지산 호랑이라고 한다. 한국 비구니의 출가 정신과 정체성을 확립시킨 근현대 비구니계의 대모로 수많은 후학들을 걸출한 수행자로 키워 낸 분이다. 나는 스님의 일대기를 쓰면서 훌륭한 리더는 자신을 온전히 버리고 타인을 위해 사는 사람이라는 것을 배운 바 있다.

그러한 스님이 한창 일할 나이인 쉰일곱 살 때 덜컥 병에 걸렸다. 췌장이 곪아서 터지기 일보 직전이 된 것이다. 수술을 앞두고 석남사 스님들은 걱정이 태산 같았다. 1960년대였으니까 지금처럼 의술이 발달했을 때도 아니고 병명을 알지 못해 2개월 동안 심한 고생을 했던 터라 안심을 할 수 없는 상황이었다. 무엇보다 후학인 자신들을 위해 한 생을 헌신했던 스승을 그렇게 보내 드릴 수가 없었다.

고심 끝에 늘, 석남사에 깊은 관심과 경책을 내렸던 성철 스님을 찾아갔다. 사정을 들은 큰스님께선 '너희들의 스님을 살려 내려면 108대참회와 능엄주 기도를 하되 21일 동안 일분일초도 그치지 말라.'는 처방을 내렸다. 석남사 스님들은 회의 끝에 즉시 기도를 집전할 스님들을 16명으로 구성했다. 능엄주를 외울 스님 둘, 108대참회를 하면서 절할 스님 둘, 이렇게 네 사람을 한 팀으로 해서 네 팀을 만들었다. 그리고 한 팀이 두 시간씩 기도한 다음 팀이 교대해서 24시간 잠시도 끊어지지 않도록 하는 기도를 시작했다.

얼마나 간절하고 장엄했겠는가. 기도를 하는 사람은 네 팀의 스님들뿐만 아니었다. 선방의 스님들은 방선 시간에, 소임을 맡은 다른 스님들은 일을 하는 틈틈이 법당에 들어가 절을 했다. 스님들 모두 인홍 스님을 살려 내야 한다는 것에 한마음이 되어 부처님 이름을 한 분 한 분 부르면서 소중한 정수리를 낮추어 마룻바닥에 대었다. 때는 한여름, 온몸에 흘러내리는 땀으로 가사장삼이 모두 젖었다. 그 시각, 인홍 스님은 꿈인 듯 생시인 듯 불보살님들이 병상 앞에 나타나 자신의 배를 쓰다듬는 꿈을 꾸었다.

온 도량이 염불 소리로 가득한 지 21일째 되던 바로 그날, 수술을 무사히 받고 빠르게 몸을 회복한 인홍 스님이 석남사로 돌아왔다. 한마음의 힘, 정성의 힘이 하늘을 움직인다는 것을 보여 준 21일 기도였다.

이를 기념해 그 후 석남사에서는 매년 1월 3일부터 일주일 동안 능엄주와 108대참회로 정진하면서 하루 종일 향과 촛불이 꺼지지 않게 하는 장좌기도를 하는 전통을 세웠다. 인홍 스님 또한 팔순이 넘도록 저녁 예불이 끝나고 나면 반드시 108배를 했다. 매년 섣달그믐날 있었던 3천 배 정진도 빠지지 않고 했다.

석남사 노스님들이 얼마나 신심 나게 당시의 일을 전해 주셨던지 '21일 기도' 하면 가장 먼저 떠오르는 감동적인 이야기다.

지혜의 검을 찾아 절하다

•

다음 날, 새벽 예불을 마치고 3백 배를 한 뒤 심검당에 올라갔다. 그곳은 사십여 년 전에 인홍 스님이 선후배 스님들을 이끌고 한국 비구니계 최초로 3년 결사를 난 곳이다. 스무 분의 스님들이 3년 동안 절 문밖을 나가지 않고 지혜의 검을 찾기 위해 생사를 걸고 정진했던 곳이다. 당시 대중을 이끌며 정진에 혼신의 힘을 쏟았던 인홍 스님의 작은 방 벽에 붙여 놓았다는 글귀가 생각났다.

"누워 편안할 때 지옥과도 같은 고통을 받을 자신을 생각하라."

이순耳順의 나이를 넘기고도 쉽고 편하게 사는 길을 경계하며 정진의 고삐를 놓지 않았던 스님의 처절한 노력을 생각하면 심검당에 올 때마다 숙연해지지 않을 수 없다. 3년 결사가 진행되고 있는 동안 철저한 수행으로 인해 도량 전체에 얼마나 긴장감이 감돌았는지 결사에 참석하지 못한 스님들 또한 숨소리도 크게 내지 못했다고 한다.

그렇듯 화두만 마음에 있었던 스님들이 새벽 예불 때마다 한 수행이 있었으니, 다름 아닌 3백 배가 그것이다. 일체중생을 대신해 참회하고, 정진하는 데 장애 없기를 기도하며 절을 한 것이다.

석남사 법당에서 옥류동 골짜기를 따라 십여 분 정도 걸어 올라가면 단정하게 자리 잡고 있는 심검당에서는 지금도 안거철이 되면 선객 스님들이 모여 힘차게 정진하고 있다.

혹시 인생의 전환점을 찾고 싶은 생각이 간절하다면 석남사 법당을 찾아 아직도 그 절절한 마음으로 절을 했던 기운이 서려 있는 법당에서 절을 해 보시기 바란다. 석남사에서는 매달 첫 번째 토요일 새벽 세 시에 도량석이 시작되면 열 명 남짓의 석남사 신도들이 3천 배를 시작한다고 한다. 아침 공양을 하고 나서 조금 쉬는 것 말고는 계속 절을 하는데, 오전 아홉 시면 3천 배가 끝난다고 하니, 어느 날 문득 청량한 기운이 감도는 가지산 석남사 법당에서 인생의 새로운 출발을 해 보시기 바란다.

얼마 전 인홍 스님의 맏상좌였던 진관 스님이 주석하며 중생 교화를 했던 서울 삼각산에 있는 진관사에 들렀더니 커다란 현수막에 이런 글귀가 적혀 있었다.

"십만 배 대정진기도, 매일 5백 배 2백 일 정진."

일체중생을 위해 절하라던 성철 큰스님의 교화가 여전히 살아 숨 쉬고 있는 현장을 보는 것 같았다.

"니, 죽고 싶나? 살고 싶나?"

성철 스님은 평소 '건강과 기타 수도에 지장이 생길 때는 모두 자기 업이니 일일 3천 배를 일주일 이상씩 특별 기도를 하라.'고 가르쳤다. 그리고 많은 사람들이 3천 배를 해서 중한 병이 나았거나 수행하는 데 어려움이 생긴 것을 극복하고 다시 공부에 몰입했다. 그 수많은 사람들 가운데 한 분이 현각 스님이다. 아마 가장 확실하게 절 수행의 가피를 입은 분이 아닐까 싶다.

스님을 처음 뵌 것은 13년 전 강릉 대성사에서였다. 석남사 인홍 스님의 손상좌로 일흔 살의 연세에도 어찌나 곱고 순수하신지, 그리고 또 얼마나 열과 성의를 다해 당신의 노스님인 인홍 스님에 대해, 그리고 성철 스님의 권유로 절을 하고 목숨을 살린 이야기를 실감나게 하셨는지, 십

수 년이 지난 지금까지도 그때의 이야기가 생생히 떠오른다.

열네 살에 오대산 월정사 지장암으로 가서 출가사문이 된 스님께서 성철 스님에 대한 소문을 들은 것은 출가 생활이 재미있기만 하던 어린 사미니일 때였다. 남쪽에 산다는 그 유명한 도인 스님에 대한 이야기를 선배 스님들은 이렇게 얘기했다.

"그 도인 스님은 공부를 안 하는 스님들을 몽둥이로 떡치듯 내려친다더라. 눈에서는 빛이 쏟아지듯 광채가 나는데, 웬만한 사람은 그 눈빛이 무서워서 바로 쳐다볼 수가 없다더라. 오대산에서 공부하다가 떠난 비구니 스님 한 분도 그 무서운 도인 곁에서 공부하고 있다더라."

그 무시무시한 도인이라는 성철 스님의 이야기를 들으면서 스님은 무서운 마음이 들면서도 한편 궁금했다.

'엄청난 도인이라는 그분은 대체 어떤 모습을 한 스님일까?'

몇 년 뒤, 스님은 선배와 동료 스님들과 함께 해제 법문을 들으러 남쪽의 한 절로 갔다. 법문을 할 분은 소문으로만 듣던 그 도인 스님이었다. 드디어 성철 스님을 만나게 된 것이다. 스님은 잔뜩 긴장을 하고 큰스님의 법문을 듣기 위해 며칠간 밤을 새우면서 정진한 여러 스님들 틈에 앉아 있었다. 곧이어 큰 키에 눈이 부리부리한 도인 스님이 법당에 들어오더니 한 손에 커다란 주장자를 잡고 앉았다. 스님은 도인 스님의 오른손에 쥐어져 있는 주장자를 뚫어지게 쳐다보았다.

'그러니까 저 주장자로 공부 안 하고 게으른 스님들을 팬단 말이지?'

아니나 다를까, 그 무서운 도인 스님이 주장자로 탁자를 '탁' 한 번 치더니 '그동안 공부한 것을 내놓아라.' 하고 대중들에게 소리쳤다. 아무도 대답을 못한 채 한동안 침묵이 흐르자, 도인 스님이 벌떡 일어나 대중들의 어깨죽지며 등짝을 향해 주장자를 내리치기 시작했다. 소문대로 돌절구에 떡치듯 내려치는 것이었다. 주장자가 순식간에 부러져 나갔다. 공부를 제대로 하지 않고 쓸데없이 이리저리 돌아다니지 말라는 경책에, 대중들은 가만히 앉아 그 무수히 내리치는 소나비 주장자 세례를 맞고 있었다.

큰스님이 자신에게 가까이 다가오는 것을 느낀 현각 스님은 벌떡 일어났다. 그러곤 언제 자신에게 날아올지도 모를 그 주장자를 피해서 온 법당을 바쁘게 뛰어다녔다. 도인 스님이 오른쪽으로 오면 왼쪽으로 달아나고 왼쪽으로 오면 오른쪽으로 뛰어갔다. 그러다가 다른 사람을 치는 매에 한쪽 발뒤꿈치를 맞고 말았다.

"아이쿠!"

자신이 그 많은 매를 다 맞은 듯 소리를 지르며 주장자 끝이 스친 발뒤꿈치를 감싸 안고 있는데, 법당 문이 열렸다. 가만히 앉아 있다가는 성한 몸이 될 것 같지 않자 누군가 법당 문을 열어젖힌 것이다. 그런데 이때 가장 먼저 쏜살같이 달려 나간 사람은 어깨죽지를 맞았던 스님들이 아니라 현각 스님이었다. 우르르 담을 넘어 도망치기 위해 뛰어가던 스님들 가운데, 제일 먼저 담을 넘어 달아난 것도 물론 스님이었다.

수십 년도 넘은 그때의 일을 떠올리면서 현각 스님은 이렇게 말씀하셨다.

"나는 사실 큰스님께 매 맞을 자격도 없었는데, 그렇게 바쁘게 혼자 아주 자그마한 법당을 뛰어다녔어요(웃음). 그 후 삼만 배를 하고 나서 성철 큰스님께 화두를 받으러 갔는데 옆에 있던 목침을 내 손끝에 들이대며 '지금 당장 죽어도 화두만 들 테냐?' 하고 물으시더군요. 그래서 큰스님께 '목숨을 바쳐 한평생 화두를 놓지 않고 공부하겠다.'고 맹세했죠."

죽을병이 들어 성철 스님을 찾아가다

그러다가 현각 스님이 성철 스님을 다시 찾아뵌 것은 삼십 대 중반, 목숨이 경각에 달해 있을 때였다. 스님은 늑막결핵을 앓고 있어서 그렇게 참석하고 싶었던 석남사 3년 결사에 동참하지 못했다.

결핵을 너무 오래 방치해 두어서 균이 늑막으로 옮겨가 빨리 손을 쓰지 않으면 목숨이 위태롭다는 진단을 받고 병원에 입원해 방사선 사진을 찍어 보니 폐 한 쪽에 물이 차서 사진이 나오지 않을 정도였다. 폐의 물을 빼내는데 끝없이 노랑물이 흘러나왔다. 의사는 당장 수술을 받지 않으면 생명이 위험하다고 했다. 수술을 받기 위해 입원실에 누워 있자니, 공부 한 번 제대로 해 보지도 못하고 출가사문이 환자복을 입은 채 병원에서 죽을 수는 없다는 생각이 들었다. 죽어도 절 마당에 들어가서 죽겠다고 생각하고 석남사로 다시 들어갔다.

수술을 마다하고 병원에서 나간다는 것은 곧 죽음을 의미했다. 석남사 구석진 뒷방에 있으면서 스님들이 가져다주는 음식을 먹으면서 견뎠다. 그러다가 공부하는 다른 스님들에게 미안하기도 하고 병균을 옮길까 봐 걱정이 되어서 도저히 있을 수가 없었다. 은사 스님이 와사증을 치료하기 위해 기도하고 있는 해인사로 갔다. 은사 스님 곁에 있다가 죽을 생각이었다. 그렇게 죽기만을 기다리고 있는데 선배 스님 한 분이 와서 이렇게 말했다.

"기왕에 죽을 거라면 성철 큰스님에게 가서 인사나 드리지 그래."

그 소리에 스님은 정신이 번쩍 났다.

'어떻게 내가 화두를 받았던가, 큰스님과 어떤 약속을 했던가. 인사도 드리지 않고 죽어서야 되겠는가?'

화두를 점검받을 일 아니면 큰스님을 찾아뵙는 것은 꿈에도 생각한 적이 없었으나, '그래, 죽기 전에 가서 인사나 하고 죽자. 철조망을 뚫고라도 들어가서 만나 뵙자.'는 생각이 들었다. 당시 성철 스님은 대구에 있는 파계사 성전암에 주석하며 세상에 나오지 않을 때였다. 암자 주변에 철조망을 두르고 공부하면서 누가 찾아가도 만나 주지 않고 정진에 매진했고, 해제를 하고 법문을 청하러 오는 스님들조차 내쫓아 버릴 때였다.

선배 스님 세 사람이 아파서 몸도 가누지 못하는 스님을 데리고 성철 스님에게로 갔다. 스님의 허리에 장삼 끈을 매고는 두 사람이 앞에서 끌고 한 사람은 뒤에서 밀면서 가파른 산길을 올라갔다. 고열로 인해 콧물이 줄줄 흐르고 정신을 거의 잃을 지경이어서 가다가 드러눕기도 하고 쓰러지기도 하면서 몇 시간을 걸려 파계사 성전암에 도착했다.

미리 전언을 해 놓았던 터라 철조망을 두른 채 굳게 닫혔던 문이 열렸다. 쓰러질 것 같은 몸을 간신히 세우고 성철 스님이 계신 문지방을 넘는 순간 호통이 날아왔다.

"니, 왜 왔노?"

미리 스님의 이야기를 전해 들었던 성철 스님은 '살길이 있는데 신심 없이 물러서 있다가 왜, 다 죽어서야 왔느냐'는 안타까운 마음을 섞어 그렇게 나무랐던 것이다. 간신히 삼배를 올리고 쓰러질 듯 앉아 있는 스님에게 거두절미하고 성철 스님이 물었다.

"니, 죽고 싶나? 살고 싶나?"

당시의 상황을 현각 스님은 이렇게 전했다.

"많은 사람들이 큰스님을 찾아왔다가는 절을 하고 나서 병이 낫는 영험을 입을 때였죠. 아무 다른 말씀 없이 '죽고 싶나, 살고 싶나?' 하고 계속 물으시는데, 내 생각에, 살고 싶다고 하면 절을 하면서 기도하라고 하실 것 같았어요. 그런데 그 당시 기도를 한다는 것은 상상도 못할 때였어요. 밥순가락도 제대로 들지 못했으니까요. 그러니 하지도 못할 기도를 한다고 거짓말할 순 없잖아요. 그래서 대답을 못하는데 내 앞으로 왔다가 물러났다 하시면서 '니, 죽고 싶나? 살고 싶나?', 그렇게 계속 물으시는데 어쩔 도리가 없더라고요. '살고 싶습니다.'라고 했죠."

선지식, 해결책을 내놓다

그러자 반갑다는 듯 성철 스님이 물었다.
"그래, 살고 싶제?"
"네."
"살고 싶제?"
성철 스님은 몇 번이고 그렇게 확인하고 난 다음 이윽고 해결책을 내놓았다.
"그래 그러면 기도해라. 지금 먹고 있는 약을 다 끊고 49일 동안 기도하거라. 7일 동안 기도하고 7일 쉬면서 49일 동안 절을 해라. 네 은사 스님 지금 해인사에서 3천 배 하고 있제? 니도 따라 해라. 알겠제?"

그러나 스님은 대답을 하지 못했다. 걸음도 제대로 걷지 못하고 서너 번만 절을 하면 피를 토하고 죽을 것 같은데, 어떻게 절을 하란 말인가, 그것도 3천 배를 어떻게 한단 말인가. 끝까지 대답을 못하고 있는 스님에게 성철 스님께서 말했다.

"네가 부처님 밥을 먹은 세월이 얼만데 그냥 앉아서 죽을 수야 없지 않나? 부처님 멱살이라도 한 번 잡아 보고 죽어야 하지 않겠나?"

성전암을 나와 해인사 극락전으로 돌아온 스님은 '부처님 멱살 한 번 잡아 보고 죽어야 하지 않겠느냐.'고 하던 큰스님 말씀을 떠올리며, 곰곰이 생각한 끝에 이렇게 결론을 내렸다.

두 종류의 사람이 있다. 선지식의 말씀을 굳게 믿고 따르는 사람과 믿지 못한 채 자신의 업대로 살아가는 사람이다. 대부분의 사람들은 자신의 업에 따른 선택을 하는데, 업을 따르지 않는 방법은 선지식의 말을 믿고 실천하는 것이다. 지금 당장 죽는다고 해도 믿고 따라 하는 것이다.

"이래 죽나 저래 죽나 죽는 거는 마찬가진데, 단 한 번 절을 하다가 죽어도 이 몸뚱이는 부처님께 바치자. 내 영혼은 성철 큰스님이 알아서 해 주시겠지."

이러한 상황에 처할 때 두 종류의 사람이 있다. 선지식의 말씀을 굳게 믿고 따르는 사람과 믿지 못한 채 자신의 업대로 살아가는 사람이다. 대부분의 사람들은 자신의 업에 따른 선택을 하는데, 업을 따르지 않는 방법은 선지식의 말을 믿고 실천하는 것이다. 지금 당장 죽는다고 해도 믿고 따라 하는 것이다.

생즉사生卽死 사즉생死卽生, 즉 살려고 하면 죽고 죽으려고 하면 산다는 진리가 이때 빛을 발한다. 생전에 성철 스님은 암 진단을 받고 찾아오는 사람들에게 무조건 3천 배를 시켰다.

"오늘부터 당장 절을 하시오."

여기에도 두 종류의 사람이 있다. 당장 말을 듣고 3천 배를 하는 사람과 병든 내가 힘들어서 어떻게 3천 배를 한단 말인가, 그냥 이대로 살다가 가련다 하고 절을 하지 않는 사람이다. 물론 죽을 각오를 하고 3천 배를 한 사람은 암을 물리치고 새 삶을 얻는다.

곡성 성륜사 조실로 생전에 수많은 사람들의 존경을 받았던 선지식 청화 큰스님은 병에 대해 이런 말씀을 하셨다.

"우리의 자성 공덕 자체가 조금도 막힘이 없는 것인데 그 자리에 무슨 생사가 있겠습니까? 무슨 병이 있겠습니까? 금생이 되었든 과거가 되었든 마음을 잘못 썼기에 병이 되는 것입니다. 따라서 마땅히 병을 빨리 나으려고 생각할 때는 마음 자세가 본래의 자리, 병도 없고, 생사도 없고, 남을 미워할 것도 없고, 좋아할 것도 없는 자리에다 마음을 둔다면 웬만한 병은 물러가는 것입니다. 그리고 이른바 귀신 같은 것은 절대로 지피지 못하는 것입니다."

성철 스님께서 이런저런 말씀 없이 절을 하라고 했지만, 저 청화 스님과 같은 생각을 가지고 계셨을 것이다. 절을 한다는 것은 병이 없던 본래의 자리를 찾아가는 과정일 테니까.

부처님의 멱살을 잡다

현각 스님은 절을 하다 죽더라도 몸만은 부처님께 바치자는 각오로 절을 하기 시작했다. 반드시 하루에 한 번 목욕을 하고 화장실에 가는 옷과 신발을 따로 하기로 하고 법당에 들어가 절을 하기 시작했다. 첫날 아침 여덟 시, 법당 한복판에서 절을 하는 은사 스님을 따라 뒤에서 절을 하는데, 얼마나 어지러운지 천장이 땅이 되고 땅이 천장이 되는 것처럼 정신이 혼미했다.

"정신이 하나도 없었어요. 너무 아파서 제발 죽었으면 하고 엎드리면 고개가 들리고, 또 죽어야지 하고 엎드리면 다시 고개가 들려지고는 했죠. 그렇게 첫날, 절을 천 번 했어요. 그런데 천 배를 하고 나니까, '아, 그 동안 내가 내 자신한테 너무 속아 살았구나.' 하는 생각이 들더군요. 분한 마음이 하늘 끝까지 올라왔어요."

'이 송장 덩어리인 나한테 속아 수십 년 동안 허송세월을 보냈구나.'

스님은 비로소 '살길이 있는데 왜, 이제 왔느냐'고 꾸짖었던 성철 스님의 마음이 어떤 것이었는지 알 수 있었다.

'이렇게 못난 내게 속아 살면서 은사 스님은 물론 여러 대중 스님들을 괴롭혔다니, 나는 죽어야 한다.'

스님은 다음 날도, 도저히 할 수 없으리라 생각했던 3천 배를 해내고, 아무것도 먹지 못한 채 참회의 눈물을 흘리면서 절을 했다. 몸도 가누지 못하던 스님이 첫날 천 배를 해내고 이틀 연속 3천 배를 하자 가장 놀란 사람은 곁에서 함께 절하던 은사 스님이었다. 그러나 반가움은 잠깐, '이렇게 멀쩡하게 절을 할 수 있는데 십수 년 동안 물러서서 나를 애 먹였구나.' 하는 괘씸한 마음에 쳐다보지도 않고 속도를 더 내서 절을 했다. '나무관세음보살'의 염불 소리도 더 빨라졌다.

죽기 아니면 살기로 참회의 눈물을 흘리면서 절을 하던 사흘째 되던 아침이었다. 그간 힘이 하나도 없어서 산을 하나 매달아 놓은 것처럼 엉덩이가 무거워 도저히 올라가지 않았는데 그날 아침, 누군가 엉덩이를 덜렁덜렁 들어 주는 것처럼 가뿐하게 올라가는 것이었다. 절이 빨라지기 시작하자, 은사 스님이 놀라서 말했다.

"니는 무슨 절을 그리 빨리 하노?"

처음엔 은사 스님이 절을 좀 천천히 했으면 하고 따라 하던 것이 뒤바뀐 것이다. 스님은 생각할수록 그동안 자신에게 속은 것이 괘씸해서 '먹던 약을 다 끊고 49일 동안 기도해라. 7일 하고 나서 7일 쉬고 그렇게 49일 동안 절을 해라.' 하고 과제를 주셨던 성철 스님의 말씀을 어기고, 49일 동안 하루도 거르지 않고 3천 배를 하고 말았다. 그동안 무릎은 다 벗겨지고 피가 흘러내렸지만, 몸은 점점 가벼워졌고 정신 또한 명료해져 가고 있었다.

절을 하는 동작을 보면 온몸을 자극하는 운동이라는 것을 알 수 있다. 무릎을 굽힐 때와 일어설 때 다섯 발가락을 구부리게 되는데, 몸을 최대한 땅바닥에 붙인 상태에서 발가락을 구부릴 때 자극되는 용천혈湧泉穴(발바닥 한가운데 움푹 들어간 곳)은 인체의 생명력을 강하게 자극할 수 있는 혈이라고 한다. 한의학에서는 종종 죽어 가는 사람도 살리는 혈로 비유되는 혈자리다. 이 용천혈과 십이경맥十二經脈의 하나인 비경脾經에 속한 엄지발가락의 은백혈隱白穴 또한 강하게 자극되면서 소화 기능이 촉진되고 생명력이 충만하게 채워진다고 한다. 그뿐이겠는가, 수천수만 번 반복된 몸의 움직임으로 인해 막혀 있던 혈의 물꼬가 고속도로처럼 뚫리지 않았겠는가. 아마 성철 스님께선 이 모든 사실을 분명 알고 있지 않았을까 싶다.

그런데 그때, 49일 동안 하루에 반드시 한 번씩 극락전에 들러서 스님을 보고 가는 한 분의 스님이 있었다. 해인사 지족암에 주석하던 율사 일타 스님이었다. 스님이 다 죽어갈 만큼 아픈 것을 알고 있었기 때문에, '과연 저 스님이 살아날까? 혹시 내일은 일어나지 못하는 것은 아닐까?' 하면서 와 보셨다는 것이다. 하루에 한 번씩 와서 보고는, 점점 얼굴이 좋아져 가는 스님을 보고 물었다고 한다.

"얼굴에 화장했나?"

일타 스님의 극락전 출근은 곧, '다 죽어 가는 스님 한 사람이 극락전에서 3천 배 기도를 하고 있다.'는 소문으로 이어져, 해인사 강원과 선원에서 공부하던 스님들이 매일 차례로 구경을 왔다고 한다. 마침 그때 일타 스님의 상좌인 혜인 스님(전 단양 광덕사 회주)이 해인사 장경각에서 하루 5천 배씩 백일기도를 하고 있던 중이었다. 일타 스님은 두 군데를 오가면서 후학들을 격려했던 것이다.

평소 "중생심이 정화되면 보살이 화현한다."는 말씀을 하시며 절을 할 것을 강조했던 일타 스님은 젊은 시절인 이십 대에 오대산 적멸보궁에서 7일 동안 매일 3천 배씩을 한 뒤, 오른손 네 손가락 열두 마디를 모두 연비하고 일평생을 수행 정진에 매진했던 분이다. 스님께서는 절을 하는 이유를 업장소멸을 위한 것이라고 하며 이렇게 설파했다.

"업장소멸, 곧 절을 많이 하여 속에 쌓은 업을 비워 내고자 함이다. 108배, 1천 배, 3천 배, 5천 배, 1만 배의 절을 지속적으로 하다 보면 업장이 소멸될 뿐만 아니라 내 마음 그릇이 청정해지고, 몸뚱이 그릇이 청정해지면서 몽중가피夢中加被도 나타나고 현증가피顯證加被도 나타나고 명훈

가피冥熏加被도 나타나는 것이다. 곧 '중생심으로 가득한 물이 청정해지면 보살의 달그림자가 거기에 나타난다衆生心水淨 菩薩月影顯'는 것이다."

살아났구나!

현각 스님은 무사히 49일 동안 3천 배를 마치고 성전암으로 올라갔다. 처음 올 때와는 달리 누구의 부축 없이도 혼자 가뿐히 올라온 스님에게 성철 스님이 한 말씀 했다.

"니, 안 죽었네? 죽으라고 시켰더니만 안 죽었네?"

그러곤 또다시 과제를 내주었다.

"49일 더 절을 하거라."

매일 3천 배를 하면서 두 번째 기도 또한 가볍게 마치고 다시 가니 성철 스님께서 안심되는 마음을 담아 나무라셨다.

"그래, 이렇게 살길이 있는데 십수 년을 물러서 있었느냐?"

그리고 세 번째엔 49일, 그리고 다음엔 백일기도를 하라고 명했다. 백일기도에 들어갈 때는 '이제 하루 3천 배의 반씩만 해도 된다.'고 명했다.

"백일기도를 마치고 가니까 큰스님께서 '진단서를 받아 가지고 오너라.' 그러시더군요. 대구에 있는 동산병원에 가서 진료를 받고 나니까, 의사가 내 상처를 보고는 몇 번이나 '고생했다.'고 하면서, '아무 이상 없다.'

고 하더군요. 믿기지 않아서 내가 또 물어봤는데, 정말 아무 이상이 없으니 걱정 말라고 해요. 진단서를 하나 떼어서 큰스님께 갔더니, '조금 기다리고 있다가 법당에서 기도하고 있는 사람들이 나오거든 보고 가라.'고 그러세요. 서울과 부산에 사는 신도들이 와서 기도를 하고 있었거든요."

그래서 스님이 성철 스님께 여쭈었다고 한다.

"왜 그분들을 만나요?"

그러자 큰스님께서 이렇게 부탁하셨다는 것이다.

"네가 처음 병원에 입원할 때 따라갔던 보살들이 '석남사 스님이 죽어서 저세상 사람 된 지 오래되었다.'고 하면서 네가 살아 있다는 소식을 전해도 믿지 않는구나. 그러니 살아 있는 모습을 보여 주고 가거라. 얼마 전 유명하다는 의사의 부인이 와서 양쪽 귀에서 소리가 나는데, 외국의 유명하다는 병원을 찾아다녀 보아도 낫지를 않는다고 해서 절을 시켰더니, 한쪽 귀는 조금 나아졌는데 이젠 더 못하겠다고 울어 대는구나. 좀 만나 보고 네 기도 얘기를 좀 하고 가거라."

경험자를 통해 3천 배의 효과를 전하고 싶으셨던 것이다. 조금 후 기도를 마친 사람들이 들어와서는 스님을 붙들고 '아이고, 스님 정말 살아 계셨네요?' 하고 울음을 터뜨렸다고 한다.

그날 이후 스님의 3천 배 기도 이야기는 많은 사람에게 회자되며 병을 앓는 사람들에게 희망이 되어 주었다. 그리고 이 이야기를 성철 스님은 그 뒤, 성전암을 나오셔서 해인사에 머물며 한국 불교사에 길이 남을 '백

일법문 百日法門'을 포효할 때 대중들에게 이렇게 전했다.

"보라! 이렇게 사람에겐 무한한 능력이 있는 것이다."

건강하게 사는 것으로 포교하라

스님께서 긴 기도 이야기를 마치시고는 이렇게 말씀하셨다.

"그렇게 내가 살아났습니다. 거의 일 년을 기도한 셈이지요. 그런데 3천 배 기도를 하고 병이 나으니까 모든 것이 내가 전생에 지어 놓은 인연의 결과라는 것을 확실하게 느꼈어요. 의술로 치유할 수 없는 병을 기도해서 나았다는 것은 전생의 죄업을 참회한 결과이지요. 바늘 끝만 한 것도 인과가 아닌 게 없어요. 우리가 살고 있는 지금 모습은 전생에 찍어 놓은 필름이 돌아가는 과정이에요. 조금도 어긋나지 않아요. 전부 내가 지어 내가 받는 것입니다."

감동적인 스님의 이야기를 다 듣고 나서 내가 현각 스님께 여쭈었다.

"성철 큰스님께서는 절을 어떻게 하라고 하셨나요?"

"몸만으로 절을 해서 기도를 하는 것보다 「108대참회문」을 가지고 절하고 염불해 가며 하는 것이 효과적입니다. 우리가 뜻을 내서 몸과 마음이 같이 죄를 지었기 때문에, 몸은 절을 하고 입으로는 염불을 하면서 참회를 하면 업장소멸이 빠릅니다. 큰스님께선 염불을 할 때도 아무리 힘이 없어도 큰소리를 내서 하라고 하시더군요. 소리를 크게 내서 하면 주위에 있는 혼, 귀신들이 다 환희심을 내서 좋은 생각을 낸다고 하셨어요."

"그 뒤 앓지는 않으셨어요? 이제 건강하신가요?"

"진주에 있는 도솔암으로 가서 한 해 정도 기도를 마친 이후로 살살 건강해졌습니다. 멸치 꽁댕이 하나 안 먹으니까 회생이 더디기는 했겠죠(웃음). 과로는 하지 못하고 살았어요. 나는 누구한테 선뜻 기도하라는 소리를 하지 못합니다. 내가 목숨을 바쳐 했기 때문에 기도를 어설프게 해서는 안 된다는 생각입니다. 병이 나아서 병원엘 가니까 처음에 나를 진찰했던 외국인 의사가 어떻게 해서 낫느냐고 물어요. 염불을 하면서 3천 배를 하고 낫다고 하니까 '그걸 말이라고 하느냐.'는 표정을 짓더군요."

"큰스님께 늘 고마운 마음을 가지고 사셨겠네요?"

"그랬죠. 큰스님이 내게 기도를 하라고 안 하셨으면 나는 이 세상을 떠나고 없었을 거예요. 그리고 큰스님을 믿는 마음이 없었으면 기도를 못했겠죠. 밥숟갈도 제대로 들지 못하는데 절을 했겠어요? 그 은혜를 잊을 수 없어 장례식에서부터 49재는 물론이고 매해 주기마다 한 번도 빠지지 않고 갑니다. 부처님과 큰스님의 은혜를 갚으려면 정진해서 생사해탈을 할 지경에 이르러야 되는데, 아직 이러고 있어요. 나 같은 업꾸러기가 기도해서 업장소멸하지 않았으면 벌써 죽어서 무간지옥에 갔을 거예요."

"큰스님께선 그 뒤 뭐라고 하시던가요?"

"'어디 가서 살든지 병을 도지지 않게 하고 살다가 죽어라.' 하셨죠. 지금까지 많은 사람들에게 절 기도를 하고 병이 나아서 잘 살아가는 내 이야기가 회자되고 있으니까, 죽을 때까지 병을 도지게 하지 않고 사는 것도 포교가 되는 것이죠. 남을 위해 부처님 법을 전하는 방편 아니겠어요? 부처님 가피력으로 살았으니까 끝까지 건강하게 살아서 부처님 법을 전해야죠."

그래서 스님은 여든 살이 넘으신 지금도 만나는 이들에게 스님 자신이 경험했던 일을 전하며 절 수행을 권하고 있다. 하도 존경하는 마음을 담아 성철 스님을 기리시기에 스님께 여쭈었다.

"성철 큰스님께서 공부하라는 당부의 말씀을 많이 하셨을 텐데 가장 기억에 남는 말씀은 무엇인가요?"

스님께서 즉각 대답하셨다.

"무슨 말씀보다는 우리들에게 공부를 하게 하려고 무진 애쓰셨던 모습이 가장 기억에 남아요."

어떤 말씀을 기대하고 물었던 나에게 이 대답은 지금도 깊이 마음에 남아 있다. 어떻게든 후학들이 공부를 하게 하려고 애썼던 스승의 모습이 백 마디 천 마디의 말보다 더 감로법문이요 사자후 아니었겠는가.

얼마 전, 현각 스님께 안부 전화를 드렸더니 직접 전화를 받으셨다. 처음 뵐 때 일흔한 살이라고 하셨는데, 올해 연세를 여쭈어보니 '여든넷이에요.' 하셨다. '요즘도 108배 하셔요?' 하고 여쭈니 척추 협착증으로 인해 절은 못한다고 하셨다. 이제 나이도 있으니 어딘가 아플 때도 되지 않앉느냐고 하시면서 그래도 부처님과 선지식 덕에 지금까지 잘 살아왔다고 감사해하셨다. 절 수행으로 회생해서 많은 사람들에게 힘을 주고, 아름다운 노년을 보내고 계신 현각 스님을 보면서, 108배 수행에 대한 신념을 더 갖지 않을 수 없다.

3천 배의 힘,
"불가능은 없다!"

3천 배를 통해서 인간이 지닌 위대한 힘을 발견한 한 분의 이야기다. 불필 스님께 이분의 이야기를 여러 차례 들으면서 어떤 분일까 궁금하던 차에, 몇 해 전 성철 큰스님 탄생 100주년 기념행사에서 만나게 되었다.

 막 예순 살이 넘었다고 하는데, 단아한 인상과 단단하고 날씬한 몸매로 볼 때는 사십 대 중반쯤이라고 해야 맞을 것 같았다. 여배우 같은 화려함은 아니지만 청초한 아름다움을 내뿜었던 이분은 20년 동안 단 하루도 쉼 없이 3천 배씩을 했다고 한다. 3천 배를 다 하는 동안 화장실도 가지 않고 물 한 모금도 마시지 않은 채 말이다. 절을 하는 사람을 많이 만나 봤어도 이렇게 지독하게 절을 한 분은 처음이었다.

선 그 자리에서 3천 배를 하다

삼십 대 초반에 성철 스님께 법명을 받고 싶어서 백련암으로 가던 길에 금강굴에 들렀다가 불필 스님을 만난 것이 절 수행의 시초가 되었다. 하루 1080배 기도를 해 보라고 권유를 받은 것이다. 그런데 이분이 얼마나 근기가 높은지 성철 스님을 뵙고 '도향선'이라는 법명을 받고는 하루에 3천 배씩 천 일 동안 기도하기로 결심한 것이다. 선지식을 뵙고 신심이 북받쳐 올라왔을 것이다. 나도 이분을 처음 뵌 그날, 집으로 돌아와 백일기도를 시작했으니까.

그녀는 집으로 돌아온 그날, 집에서 가장 큰 방에 있던 가구들을 모두 치우고 방석 하나만을 둔 채 기도실로 만들고는 절을 시작했다. 그리고 스스로 이렇게 한 가지 규칙을 세웠다.

"선 그 자리에서 3천 배를 할 것!"

그러니까 한 번 절을 시작하면 자리를 옮겨서는 안 된다는 것, 즉 화장실을 가서도 안 되고, 물을 마시러 자리를 떠나서도 안 되며, 누가 벨을 눌러도 문을 열러 나가서도 안 되는 것이다. 말이 그렇지, 선 자리에서 7~8시간 동안 한 번에 3천 배를 한다는 것은 불가능한 일이다. 보통은 한 시간 단위로 50분 동안 절을 하고 10분 쉬면서 화장실도 가고 물도 마시며, 시간이 흐르면서 체력이 떨어질 때는 약간의 간식을 먹기도 한다. 3천 배 등 긴 시간 절을 할 때, 쉬는 시간에 마시는 커피 한 잔, 사탕 한두 알, 여름에 먹는 수박 한두 조각은 그야말로 감로수다.

그런데 그녀는 이 모든 것을 포기한 것이다. 절하기 전엔 국물이 있는 음식을 피하고 날 김에 밥을 싸서 먹는 일이 다반사였다고 한다. 여름에 그렇게 좋아하는 상추쌈도 혹여 졸음이 올까 봐 입에 대지도 않았다. 간혹 아이들이 일찍 학교에서 돌아와 벨을 눌러도 열어 주지를 못해 밖에서 울고 있으면 이웃 사람들이 아이들을 데려다가 돌봐 주었다고 한다.

3백 배를 남겨 놓고 불가항력적으로 화장실에 가야 했을 때는 자리를 옮기지 않겠다는 규칙을 어겼기 때문에 가차 없이 처음부터 다시 절을 했다고 한다. 그런 날은 거의 두 배 가까운 시간을 할애한 셈이다. 몸살이 나서 도저히 절을 할 수 없는 지경에 이르러도 이를 악물고 일어나 절을 했고, 외국에 갈 일이 생기면 비행기에서 내리자마자 호텔로 달려가 3천 배를 했다고 한다. 시어머니의 상을 당했을 때는 병원 옆에 방을 하나 얻어 놓고 3천 배를 하고 나왔다고 하니, 산속의 여느 수행자보다 더 지독한 수행을 한 셈이다. 이야기를 듣다가 내가 물었다.

"그렇게까지 할 필요가 있었을까요? 여행을 갔으면 여행에 집중하는 것도 3천 배 못지않게 중요한 수행 아닐까요?"

"부처님 그리고 큰스님과의 약속이고, 또 무엇보다 저와의 약속이었으니까요. 천 일 동안만이라도 철저히 지키고 싶었어요. 하루에 3천 배를 하려면 다른 일은 거의 못하죠. 아이들 간식도 제대로 챙기지 못해 계모가 아니냐는 소리를 들었을 때는 이렇게 해도 되는 건가 회의가 들기도 했는데, 큰스님께 가서 이런 고민을 말씀드렸더니 '잘하고 있다.'고 하셔서 밀고 나갔죠."

 이럴 때 신뢰하는 선지식의 한 말씀은 용기백배하게 하는 힘이 있어 더욱 박차를 가하게 한다. 또한 철저한 노력을 하고 있는 자신에 대한 믿음도 전력투구하게 한다. 한 달에 두세 번은 백련암으로 가서 큰스님을 친견하고 3천 배를 하거나 만 배를 하며 힘을 냈다고 한다.

 비정한 엄마 소리를 들었던 그녀는 아침 일찍 세 아이들을 깨워 108배를 하게 한 다음 학교에 보냈고, 방학을 맞으면 21일 동안 반드시 3천 배를 시켰다. 사업을 하는 남편도 매일 108배를 하는 것은 물론, 해외 출장을 갈 때도 「108대참회문」을 가방에 넣고 가서 절을 했다고 한다.

깨진 사발을 다시 붙일 수 있는 힘을 발견하다

·

그렇게 지독하게 3년 동안 하루도 빠짐없이 3천 배를 하고 나서 과연 그녀는 무엇을 깨달았을까?

 "깨진 사발도 다시 붙여서 완성품을 만들 수 있는 힘이 내게 있다는 것을 깨달았죠. 성철 큰스님께서 사람에게는 상상할 수도 없는 큰 힘이 있다는 것을 강조하셨는데, 그 말씀의 의미를 알겠더군요. 하루에 만 배를 할 때는 정말 죽을 것처럼 힘든데 죽지 않더라고요."

그녀는 첫 천일기도를 끝내고 바로 이어서 하루 3천 배 기도를 20년 동안 쉬지 않고 했다. 서른두 살에 시작한 하루 3천 배 기도가 쉰두 살에 끝난 것이다. 단 하루도 빼놓지 않고 20년 동안 3천 배를 했다는 것은 친구들과 만나 얘기도 하고 맛있는 것을 먹으러 다니기도 하고, 가족들과 긴 여행을 하면서 휴식을 가지기도 하는 평범한 삶을 포기하는 것을 의미할 텐데 후회는 없었을까.

"아니요! 절을 하니 저절로 하심이 되고 복과 지혜를 얻게 되는데 어떻게 안 할 수 있나요? 쓸데없는 것들에 마음과 시간을 낭비하지 않게 되어서 좋았어요. 늘, 내면은 차분하고 여유로웠고, 현실적인 생활에선 더 적극적이고 열정적으로 살았던 것 같아요."

초인적인 힘을 발휘해서 그녀가 얻은 지혜와 복은 어떻게 세상에 회향되었을까, 궁금했다. 정진의 완성은 나눔에 있다는 것을 터득했다고 하니까, 사업가의 아내인 그녀가 세상에 베풀었을 회향을 일일이 열거하지 않아도 알 것 같다.

1남 2녀를 키운 그녀는 아들이 군대에 갔을 때 함께 휴가를 나온 동료들에게 따뜻한 밥을 해 먹이고 추운 겨울에는 따뜻한 방한복을 사 입혔다. 친구들도 내 자식과 다름없다는 생각으로 살았기 때문에 외국으로 유학을 가는 아들딸 친구들에게 학비를 보태 주는 일을 마다하지 않았다. 한번은 건물을 짓고 났는데 건축 허가가 쉽게 나오지 않아 애를 먹였다. 남편이 하도 걱정을 하기에 하루는 건축 현장에 나가 집을 둘러보고 있는

"깨진 사발도 다시 붙여서 완성품을 만들 수 있는 힘이 내게 있다는 것을 깨달았죠. 성철 큰스님께서 사람에게는 상상할 수도 없는 큰 힘이 있다는 것을 강조하셨는데, 그 말씀의 의미를 알겠더군요. 하루에 만 배를 할 때는 정말 죽을 것처럼 힘든데 죽지 않더라고요."

데, 관청에서 나온 사람들이 여럿이 와서 '아주머니는 무엇 때문에 여기 계신가요?' 묻기에, '참, 왜 이렇게 건축 허가가 안 나는지 모르겠어요.' 하고 딱 그 한마디만 했는데, 얼마 지나지 않아 허가가 떨어졌다고 한다.

"그분들이 그 한마디만 듣고 내 얼굴만 바라보고 돌아갔을 뿐인데 그토록 애를 먹이던 허가가 난 거예요. 저는 그때 성철 큰스님께서 절을 하면 불보살님들이 돕는다는 말씀이 실감났어요. 그뿐만이 아니죠. 나와 남을 나누어 보지 않고 진심을 다해 사니까 무수한 가피를 입으면서 살아왔어요."

아마도 절을 많이 한 그녀의 얼굴이 그들에게 자비의 화신인 관세음보살의 얼굴로 비치지 않았을까 싶다. 그래서 아무 조건 없이 다 들어주고 싶지 않았을까. 수행을 많이 한 분들의 얼굴을 보면 점점 내 이웃과 기쁨과 슬픔을 함께하는 보살의 모습이 되어 가는 것을 볼 수 있다.

지금 그녀는 매일 1080배를 한다. 나이도 있으니 좀 줄여 하라는 말도 듣지만 체력이 허락하는 한 일흔 살까지는 할 생각이라고 한다. 그렇게 절을 하다가는 무릎이 견뎌 나겠느냐고 물을 수도 있는데, 글쎄 그녀를 보면 크게 걱정하지 않아도 될 것 같다. 그녀의 다리는 튼튼하고 무사하며, 어디 아픈 데 없고, 같은 연배들보다 십 년은 더 젊고 아름다워 보이니까.

원인 없는 결과는 없다. 탁월한 능력은 훈련과 습관이 만들어 낸 작품이라고 했던가. 철저한 자기 절제와 굳건한 신념 없이 이뤄질 수 있는 건 없다. 108배로, 혹은 3천 배로 그 탁월한 능력을 발휘해 보시길 바란다.

인간의 한계를 뛰어넘다

시원하고 조용한 법당에서 절을 하고 싶을 때 가끔 찾는 곳이 도선사 마애불이다. 수많은 사람들의 갖가지 사연을 다 들어주고 계신 마애불 앞에 서면 온갖 번뇌로 출렁거리던 마음이 고요해진다. 오래된 나무 한 그루가 큰 그늘을 드리우고 있는 데다가 산에서 시원한 바람이 불어와 무더운 날씨에도 더운 줄 모르고 절을 하게 된다.

생전에 도선사에 머무셨던 청담 스님은 마애불이 있는 석불전에서 매일같이 108대참회로 하루 일과를 시작하고, 새벽 예불 후 법문을 한 것으로 유명하다. 당시 시봉을 들었던 스님들의 전언에 의하면 설법이 길어져 호롱불을 들고 서 있던 팔이 끊어질 듯 아팠다고 한다. 사정을 건의해도 아랑곳하지 않고 다음 날 다시 폭포수와 같은 법문을 하셨던 청담 스님도 신도들에게 108배를 권하셨다고 들었다.

 나의 선배 도반 한 분은 올해 나이 여든이신데, 매일 새벽 예불 후 108배를 하신다. 삼십 대 초반에 자궁암 진단을 받고 도선사에 계신 청담 스님을 찾았더니, 아무 말씀 없이 '절을 하시오.' 한마디뿐이었다고 한다. 그날부터 어린 애들을 데리고 도선사에 와서 매일 절을 한 결과 자궁암 수술을 받은 뒤 지금까지 잔병치레 없이 건강하게 살고 있다.

 얼마 전 도선사에 가서 1080배를 하다가 온 정성을 다해 절을 하고 있는 분을 보게 되었는데, 뭔가 좀 이상했다. 방석이 정면으로 부처님을 향해 있지 않고 약간 비스듬히 놓여 있는 데다가 몸동작이 유난히 느리고 조심스러웠다. 방석 옆에 긴 철제 지팡이가 놓여 있는 것을 보고 시각장애인이라는 걸 알았다. 다가가 방석을 바로 놓아 주었더니 고맙다며 나를 쳐다보는데, 눈이 맑고 안정돼 보였다.

지금 이대로 감사한 삶

육십 대 초반쯤으로 보이는 그녀가 얼마나 정성을 다해 조용히 절을 하는지, 보는 것만으로 가슴이 뭉클했다. 5백 배를 하고 나서 좀 쉴 겸해서 공양간에서 늦은 점심을 같이 먹고 다시 올라와 남은 절을 그녀와 함께했다.

 집으로 돌아가는 전철 안에서 비로소 그녀에 대한 사연을 들을 수 있었다. 몇 년 전 갑자기 시력이 나빠지기 시작했는데 병원에서도 딱히 원인을 알 수 없다 하고, 지금은 어렴풋이 사물의 형체만 보일 뿐이라고 한다. 본디 천주교인이었던 그녀는 대학에 다니면서 불교에 귀의한 아들의 '절을 하면 건강해진다.'는 말을 듣고 지푸라기라도 잡고 싶은 심정으로 108배를 시작했다고 한다.

처음엔 '눈을 좀 낫게 해 주세요.' 했던 기도가 지금은 '이만해도 정말 감사합니다.'라고 바뀌었고, 무엇보다 매일 3백 배를 하니 건강에 도움이 되어서 좋다고 했다.

"파주에 있는 집에서 도선사까지 오는 데 두 시간 반이 걸리는데, 아직 이렇게 혼자 힘으로 다니며 절을 할 수 있으니 얼마나 다행이에요. 집에 있으면 우울해지기도 절에 오면 마음이 시원해져요. 더 바라지 않습니다. 지금만 같았으면 좋겠어요."

더운 날인데도 마주 잡았던 손이 차디찼던 그녀와 헤어져 돌아오면서 지금 이대로의 삶을 감사하게 받아들이는 것이 얼마나 아름다운가, 생각했다. 그런데 이런 깨달음도 체험 없이는 온전한 자각이 될 수 없다는 걸 알았다. 며칠 전부터 시작된 결막염으로 한 열흘 동안 고생했다. 비교적 눈 건강이 괜찮은 편이어서 과신했다가 호되게 당한 것이다. 한쪽 눈이 심하게 충혈이 되어 있는데도, 곧 괜찮겠지 하고 노트북으로 오랜 시간 작업을 하고 하루 1080배를 했더니 몸이 피로감을 이기지 못했던 것 같다.

유난히 염증이 심해서 고통스러웠던 며칠 동안 아무것도 못하고 있으면서, 잘 보이지 않는 눈으로 절 수행을 하고 있는 그녀가 얼마나 대단한지 다시 한 번 생각했다. 눈병이 발병한 날부터 온전히 낫기까지 정확히 3주 걸렸다. 절을 못하고 있다가 새롭게 108배를 하는데 고맙습니다, 하는 소리가 절로 나왔다. 역시 108배는 감사하는 마음 그 자리가 정토임을 깨닫게 하는 최고의 수행이 아닌가 싶다.

어머니의 모든 에너지가 그대로 자식에게 간다

눈에 염증만 생겨도 중단할 수밖에 없는 게 절 수행이다. 그런데 35년 동안 하루도 거름 없이 천 배를 한 사람이 있다. 중견 화가 한경혜 씨가 그 주인공이다. 젊은이들에게 권하는 108배 이야기를 쓰면서 절 수행으로 인생을 송두리째 바꾼 젊은이로 그녀를 소개하고 싶었는데 삼십 대로 짐작하고 있던 그녀의 나이가 어느덧 올해 마흔셋이라고 한다.

뇌성마비 4급 장애의 불편한 몸으로 일곱 살 때 하루 천 배를 시작해서 이십대 초반에 하루 만 배 백일기도를 세 번이나 마친 그녀를, 십여 년 전쯤 인사동 한 화랑에서 만난 적이 있다. 그녀의 개인전이 열리던 전시장에서였다.

이미 그녀가 쓴 책을 읽고 감동을 받은 터라 나도 모르게 그녀의 손을 덥석 잡고 그것도 모자라 그녀를 안고 말았는데, 스치듯 다가왔던 바람처럼 가벼운 느낌을 잊을 수가 없다. 웃고 있는 얼굴도, 걸음걸이도 경쾌해 보였다. 뇌성마비 장애를 가지고 있는 사람이라는 것을 조금도 느낄 수 없을 만큼 단정하고 아름다웠다. 어디 하나 흠잡을 데 없이 명랑한 그녀를 보면서 수행의 위대한 힘을 느꼈었다.

그런데 내가 만나고 싶은 사람이 한 명 더 있었다. 그녀의 어머니다. 그녀가 온 마음으로 쓴 책을 읽으면서 이렇게 강한 어머니가 있었기에 그 어려운 수행을 할 수 있었겠구나 하고 느꼈기 때문이다. 어머니의 모든 에너지가 그대로 자식에게 간다는 것을 자식을 키워 본 사람은 안다.

사지가 비틀려 따로 돌아가는 몸으로 매일 천 배를 하고 그것도 모자라 하루 만 배 백 일 수행을 세 번이나 했다는 것은 곁에 강력한 선지식이 없었다면 불가능하다. 그녀의 어머니 자신이 만 배 백일기도를 통해 '죽어야 산다'는 경험을 했기에 자식에게 권할 수 있었을 것이다. 딸 곁에서 때로는 냉정하고 매몰차게, 때로는 뜨거운 사랑으로 붙들어 주며 절을 하게 한 화가의 어머니를 전시장 화장실 앞에서 우연히 만났다.

"정말 훌륭한 어머니세요. 그런데 어떻게 몸이 불편한 자식한테 그토록 냉정하게 하실 수 있으세요?"

많이 주는 사랑보다 절제된 사랑을 하기가 얼마나 어려운가. 그때 그녀의 어머니가 무심한 표정으로 담담하게 대답한 말을 잊을 수 없다.

"내 자식이라고 생각하면 그렇게 못해요!"

짧게 한마디만 하고 돌아섰는데, 나는 자식 둘을 키우면서 그 말을 여러 번 떠올리곤 했다. 내 속에서 나온 자식을 남처럼 대하기란 웬만한 내공이 아니면 정말이지 쉽지 않다. 독립된 인격체로, 더 나아가 이미 완성된 부처의 힘을 가지고 있는 존재임을 믿고 대하라는 이야기인데 세상의 부모들은 이를 실천하기가 얼마나 어려운가를 안다. 나는 그때 이미 그녀의 어머니가 사람에겐 무한한 능력이 있다는 것을 깨달았다는 걸 느꼈다. 그 사실을 알지 못한다면 그렇게 힘든 수행을 결코 권하지 못했을 것이다. 그 후 어머니의 위대한 힘, 수행의 강력한 힘을 생각할 때마다 그녀의 어머니를 떠올리곤 했다.

뇌성마비 어린 소녀의 하루 천 배

한경혜 화가의 절 수행 이야기를 담은 책 『오체투지』를 여러 번 정독했다. 읽을 때마다 감동이 밀려온다. 이번에 그녀에 대한 글을 쓰려고 다시 한 번 읽었는데, 십 년 이상 된 책인데도 지금 막 나온 책처럼 신선했다. 진솔한 자기 체험을 바탕으로 썼기 때문일 것이다. 구구절절 마음에 그렇게 와닿을 수가 없었다. 무엇보다 절 수행이 주는 위력을 다시 한 번 확인했다.

"비틀어지고 덜렁거리던 사지를 가지고 태어난 운명을 인간의 힘으로 바꿀 수만 있다면 바꾸어 보고 싶었다. 하다가 죽는다고 해도 내가 원하는 삶을 살고 싶었다. 그래서 절을 택했다."

그녀는 1.6킬로그램의 미숙아로 태어나 첫돌이 지나면서 뇌성마비라는 청천벽력과도 같은 진단을 받았다. 집안 형편이 어려워 변변한 치료를 받지 못해 제대로 걷지 못할 뿐 아니라 말을 하려면 온 얼굴 근육을 다 써야 한두 마디 하는 정도였다.

아주 조금씩 힘겹게 걷기도 하고 의사 표현을 하는 정도는 될 즈음인 일곱 살 때 사경을 헤매는 위기를 맞았다. 고열과 경기를 일으키며 온몸이 뻣뻣하게 굳어 가고 물 한 모금 삼킬 수 없는 상태가 된 것이다. 정밀 검사를 해 보았으나 원인을 찾지 못한 의사는 살아날 가망이 없다고 했다. 의사의 말을 듣고 그녀의 어머니가 딸을 들쳐 업고 해인사 백련암에 계신 성철 스님에게로 달려갔다. 스님께서 절 수행으로 많은 사람들의 몸과 마음을 정화시키며 교화를 하고 계실 때였다.

새털처럼 가벼운 아이를 업고 백련암으로 올라가면서 어머니는 등에 업혀 있는 어린 딸에게 이렇게 말했다.

"병원에서 이미 포기를 했으니 우리 인연은 여기까지다. 함께 죽는 거다. 그런데 부처님께 실컷 절이나 해 보고 죽자. 그동안 살아온 것에 대한 참회도 해 보고, 다음 세상에는 더 좋은 인연으로 만나자는 기도를 해 보자. 우리 딸, 할 수 있지?"

엄마를 놓칠세라 꼭 들러붙어 있던 딸은 고개를 끄덕였다. 3천 배를 해야 스님을 만날 수 있다니 이래저래 절을 하지 않으면 안 되었다. 나무토막을 이어 만든 것처럼 사지가 덜렁거리는 몸으로 절을 한다는 것 자체가 무리였으나 생존에 대한 본능 때문이었을까, 몸이 굳어 가던 일곱 살짜리 어린아이는 사흘에 걸쳐 3천 배를 해냈다.

물론 비틀거리며 일어섰다가 무너지듯 앉고는 머리를 땅에 박듯이 한 절이었다. 3천 배를 하고 나자 물을 마셔도 토하지 않았고, 성철 스님이 건네준 바나나 한 개를 다 먹을 수 있었다. 사정을 알게 된 성철 스님이 절을 마친 어린아이에게 명했다.

"오래 살고 싶으면 하루에 천 배씩 하거라."

'살고 싶으면 절하라.' 이 절대적인 명령은 세월이 가도 녹슬지 않고 생생하게 살아 있는 성철 큰스님의 특허와도 같은 금언이다. 이 말씀을 거역하지 않고 실행에 옮겨서 죽어 가는 목숨을 살린 사람이 얼마나 많던가.

그녀는 어린 나이에도 본능적으로 스님의 말씀을 어기면 살아날 수 없다는 걸 알았다. 그날부터 매일 천 배씩 절을 했다. 어린 나이에 불편한 몸으로 절을 해야 하니 초등학교 때는 학교에 있는 동안과 잠자는 시간 말고는 하루 종일 절을 해야 했다. 친구들과 놀 시간을 갖는다는 것은 상상조차 할 수 없는 일이었다.

학교에 가기 전 이백 배를 하고 방과 후 집에 돌아와 숙제를 해 놓고 절을 하다가 저녁을 먹고 다시 절을 해서 밤 열 시가 되면 천 배를 마치는 생활을 6년 동안 한 것이다. 이렇게 어린 나이에 하루도 빼놓지 않고 할 수 있었던 것은 절을 계속할수록 굳은 얼굴이 풀려 가고, 비틀어지고 흔들거리던 몸이 조금씩 제자리를 찾고 중심을 잡아 가기 시작하는 것을 확연히 감지할 수 있었기 때문이다.

정수리에서 시원한 솔바람이 나오다

•

수십 년간 하루도 빼놓지 않고 절을 하고 이십 대에 만 배 백일기도를 세 번이나 한 한경혜 화가를 두고, 절 수행을 하는 사람들끼리 하는 얘기가 있다.

"불보살로 이 세상에 온 사람일 것이다."

그렇게 말하는 데는 두 가지 이유가 있다. 보통 인간으로서는 그러한 혹독한 수행을 할 수 없다는 것이 그 하나이고, 인간에게 얼마나 위대한 힘이 담겨져 있는지를 보이기 위해 부처로 왔다는 것이 나머지 하나이다. 사지가 온전치 않은 뇌성마비의 몸으로 일곱 살 때부터 시작해 35년이 지난 지금까지 천 배를 계속하고 있는 예는 세상을 통틀어 그녀가 유일하지 않을까 싶다.

오랜 세월이 흐른 지금, 그녀는 천 배를 하는 시간을 이렇게 표현하고 있다.

"1시간 30분 동안 아무 상념 없이 절을 했다. 거울 같은 마음속으로 자연스럽게 떠오르는 기도를 한다. 그 기도는 마치 물 위에 저절로 떠오르는 달빛이나 나무 그림자 같은 것이다. 시간이 지날수록 조금씩 내 몸이 열기로 채워진다. 세포들이 하나씩 살아나고 한편으론 내가 비워지는 것을 동시에 느낀다. 절을 할수록 손과 발, 다리, 배 등 몸 전체가 따뜻해진다. 반대로 머리는 차고 맑은 산속 공기를 마시듯 매우 청량해짐을 느낀다. 마치 이마 정수리 부분에서 시원한 솔바람이 나오는 듯한 기분이다.

땀은 흐르지만 호흡이 편안하게 느껴지기 때문에 힘들다기보다는 점점 머리가 맑아지고 몸은 따뜻하면서도 개운해지는 것을 느낄 수 있다. 하루 중 가장 평화롭고 싱그러운 시간이며 생기 있는 나를 느끼는 시간이다."

오랜 시간 무수한 절로 자신의 한계를 극복한 사람답게 절 수행의 효능을 정확히 표현하고 있다. 그러나 노력 없는 결과는 없는 법, 그녀가 이렇게 되기까지는 혹독한 수련의 시간들이 있었다.

초등학교 고학년이 되자 몸에는 익어 가는데, 마음에선 하기 싫다는 생각이 올라오기 시작했다. 만날 전전긍긍 절만 하는 생활에 반발이 생긴 것이다. 최소한 친구들이 하는 시험공부라도 해 보고 싶었다.

생각다 못해 성철 스님을 찾아갔다. 시험 기간만이라도 오백 배로 깎아 달라고 부탁을 드려 볼 생각이었다. 성철 스님은 어린 소녀의 부탁을 단호히 거절했다. 주장자로 몇 대 머리를 내리치고는 숙제 하나를 더 보탰다.

"천 배는 천 배대로 계속하고 시험도 잘 쳐서 성적표도 가지고 오너라."

그 말씀이 야속해서 법당으로 올라가 하염없이 울었던 소녀는 결국 스물둘, 대학을 졸업하고 바로 만 배 백일기도를 시작할 때까지 단 하루도 빠짐없이 천 배를 했다. 선지식의 단호한 채찍이 아니면 불가능한 일이었을 것이다.

　물론 매일 천 배씩 절을 하겠다는 큰스님과의 약속이 슬그머니 무겁게 느껴질 때도 있었다. 한 배 한 배 정성스럽게 하지 않을 때도, 마음속으로 불안과 욕심이 들어와 앉으려고 할 때도 있었다. 자신을 사랑하지 못하고 못난 생각에 점령될 때도 있었다. 세상이나 다른 사람에 대한 원망이나 미움이 잡초처럼 자라날 때도, 우리 모두가 부처라는 진리를 잊고 모두를 귀하게 대하는 마음이 엷어질 때도 있었다. 그때마다 성철 스님의 매섭고 단호한 눈빛이 따뜻한 죽비가 되어 정신을 차리게 해 주었다.

　그런데 성철 스님의 이러한 죽비는 그녀에게만 내린 것은 아닌 것 같다. 얼마 전, 지리산을 지나는 길에 스님의 생가에 지어진 겁외사에 잠깐 들렀더니 올가을에 시작되는 '천 배 천일기도'를 알리는 현수막이 일주문에 걸려 있었다. 큰스님이 열반하신 지 스무 해가 지났어도 일체중생을 위해 참회하고 기도하라던 스님의 죽비 소리가 여전한 것이다.

생명을 건 도전장, 만 배 백일기도

　그렇게 절을 하며 인생을 바꿔 가던 그녀가 만 배 백일기도를 시작한 것은 대학을 졸업한 이틀 뒤였다. 15년 동안 절을 하면서 확연히 좋아진 육체적인 변화로는 만족할 수 없었던 것이다. 하늘이 내린 숙명, 전생의 업보에 이번 생에서 생명을 담보로 한 만 배 수행으로 당당하게 도전하고 싶었다.

만약 실패한다면 생명을 부처님께 바치겠다고 결심했다. 하루 만 배를 하려면 서너 시간 자는 시간 말고는 절만 해야 한다. 극한의 수행이다. 만 배 백일기도를 하고 나면 육체적 껍질이 번데기처럼 벗겨져 나비처럼 날 수 있을지도 모른다는 희망을 가지고 시작한 수행 첫날의 기록이다.

"좌복 위에 무릎을 꿇고 앉아 허리를 굽혀 머리를 낮춘다. 살아오면서 내 몸과 입 그리고 생각들이 무심결에 지은 죄업을 바라본다. 입으로 「108대참회문」을 끊임없이 외우며 머리로는 부처님을 생각하고 또 머리와 몸을 숙여 몸으로 참회한다. 절이 깊어질수록 호흡이 고르게 되고 내 몸이 스스로 리듬을 찾아 제 갈 길을 가는 것이다. 마치 등산하는 심정으로 묵묵히 일 배씩 실천에 옮기고 있었다. 산이 있어 산을 오른다는 말처럼 절을 해야 하기에 나는 그저 절을 했다."

그러나 이렇게 평화롭게 시작한 기도는 시간이 흐르면서 고통으로 변했다. 한마디로 통증과 인내의 싸움이었다. 차라리 몸을 버리고 싶을 정도의 통증이 밀려왔다. 머리부터 발끝까지 아프지 않은 데가 없고 땀이 눈에 들어가서 눈까지 헤집어 놓은 듯 따가웠다. 허리 통증, 무릎과 발목 관절, 발가락, 발바닥의 통증, 현기증, 두통, 사지의 통증부터 시작해 몸이 천근만근 무겁고 힘이 하나도 없는 무력증까지 말로 다할 수 없는 육체적 고통이 뒤따랐다.

하루 네 끼 먹는 밥도 모래알을 씹는 듯했다. 만 배를 마치고 나면 나무 토막처럼 쓰러졌으나 온몸에 땀띠가 나서 도무지 깊은 잠을 잘 수 없는 것이 가장 큰 고통이었다. 그런데 신기한 일이었다. 절을 다시 할 수 있을까 하다가도 다음 날이 되면 눈이 떠졌다. 이미 절을 하는 것은 그녀가 아니었다. 리듬에 맞추어 몸을 움직일 뿐이었다. 죽음과도 같은 상황에서 또 다른 그녀가 몸을 움직이는 것 같은 미묘한 느낌이 들었다.

기도 중반쯤 들어서면서 도저히 참을 수 없는 고통으로 나쁜 마음을 먹기도 했다. 운명에 도전해 보려고 시작했으나 체력과 정신이 무너져 차라리 삶을 멈추는 것이 최선일 것 같아서 약을 털어 넣기도 했던 것이다. 보석 같은 구슬이 사방에서 반짝이기도 했고, 키가 열 척이 넘는 사람들이 목에 칼을 대고 주이려고 하는 환상을 보기도 했다. 숨이 턱까지 치올라 의식을 잃기도 했다. 십여 일을 앞두고 속옷이 말라비틀어진 잎처럼 만지기만 해도 툭툭 떨어져 나갔다. 많은 고비를 넘기며 첫 번째 백일기도를 마쳤을 때 그녀의 몸무게는 38킬로그램이었다.

생사를 넘나들던 첫 번째 백일기도를 끝낸 후 두 달간의 휴식 기간을 가진 다음 다시 두 번째 백일기도를 시작했다. 자신과의 싸움을 백일기도 한 번으로 결판낼 수 없다는 마음 때문이었다. 무엇보다 윤회를 끝내고 싶다는 소망이 앞섰다. 절을 하다가 죽더라도 좋다는 결심이었다. 고통은 첫 번째 기도할 때와 크게 다르지 않았다. 그러나 고통에서 벗어나려는 노력조차 포기하자 마음이 오히려 편해졌다. 날이 갈수록 무덤덤하고 무심해졌다. 숨결만 남은 것 같았다. 어느 날 드디어 '나'라는 존재가 사라져 버리는 경험을 하며 구경각의 경지에 이르렀다.

이제 나는 온전하다

다음 해 1월 다시 세 번째 만 배 백일기도를 시작했다. 지난날에 대한 감사와 모든 은혜를 시방의 모든 생명들에게 회향하는 절을 한 것이다. 화두를 잡고 절을 하며 세 번째 기도를 끝낸 그녀는 생명이 다하면 몸은 지수화풍으로 돌아가지만 마음자리만은 영원한 불성으로 남는다는 것을 깨달았다. 세 번의 만 배 백일 수행이라는 긴 고통의 강물을 건너고 난 다음 그녀는 이렇게 선언했다.

"절은 나를 다시 태어나게 했다. 비틀어지고 흔들거리던 몸이 제자리로 돌아왔다. 하지만 절이 내게 준 것은 육체적인 생명만이 아니다. 나 자신을 제대로 보게 해 주었고, 세상을 바르게 보게 해 주었다. 사람들에게 희망을 보여 주었고, 마음의 눈을 뜨게 해 주었다.

이제 사람들 속에서 나는 온전하다. 사람들과 어울려 일하고 노래하고 나누는 삶이 무엇보다 행복하다. 이러한 희망과 행복을 가지게 한 것이 바로 내 몸을 낮추는 절이었다. 절은 나를 낮추기도 하지만 우뚝 서게도 만든 지혜이며 자유였다. 세상의 모든 것이 아름답게 보인다. 두려움은

'이제 더 이상 두려움은 없다.'

없다."

'이제 더 이상 두려움은 없다.'고 선언한 그녀는 그 후 스물여섯에 15박 16일의 히말라야 트레킹에 도전해 성공했다. 절 수행으로 자신의 한계를 극복한 힘을 다시 한 번 증명해 보인 것이다. 정상에 서서 그녀는 인생의 주인공은 자신이며, 진정한 장애는 몸에 있는 것이 아니라 마음에 있다는 것을 다시 한 번 확인했다.

홍익대 대학원에서 그림 공부에 몰두해 미술학 박사 학위를 취득한 그녀는 '물과 돌의 작가'로 불린다. 붓으로 물이나 수초를 그릴 때 그들이 가진 내면의 소리를 화면에 잡아내려고 노력한다는 그녀의 말을 들으면서, 절을 통해 두두물물이 다 불성을 지니고 있음을 깨달은 그녀가 그린 그림이야말로 현대인들의 불안한 정서를 정화하고 치유하는 정신적 선물이 아닐까 하는 생각이 들었다.

그녀의 이야기는 절 수행에 관심을 가지고 있는 사람들은 물론, 인생의 변화를 만들고 싶어 하는 사람들에게 희망의 등불이 되어 회자되고 있다. 성철 스님을 만나 절로 인생을 바꾼 한경혜 화가야말로 성철 스님이 우리에게 보낸 불보살이 아닐까. 스님이 이렇게 외치시고 있을 것만 같다.

"자, 보라, 불가능은 없다. 변화하고자 하는 절박한 마음이 없는 그대들이 있을 뿐이다."

2장

내 삶도 바뀔까요?

자신감을 얻는 데는
절이 최고다

해인사 금깅굴에서 징진하고 계신 불필 스님을 뵐 때마다 나는 늘 수행의 위대한 힘을 느끼고 다시 신심을 세우곤 한다. 스물한 살, 출가하기도 전에 이미 인간이 기울일 수 있는 모든 힘을 다 쏟아 내 정진했다는 스님을 뵌 지 어느덧 십 년이 넘었다. 눈빛은 여전히 형형하고 그 위로 마치 파도치는 물결처럼 굵게 패인 이마의 주름 또한 변함없이 아름답다.

 처음 소년처럼 순수한 스님의 뒷모습을 보고 사람은 뒷모습으로도 모든 것을 말할 수 있구나 하는 것을 느꼈는데, 이후 단 한 번도 구부정하거나 흐트러진 모습으로 걷는 것을 보지 못했다. 사람은 세월이라는 시간 속에서 나이 들어가는 것이 아니라 이상을 잃고 살 때 늙는 것이라는 걸 증명해 주고 있는 분이다.

올해 세수 여든하나이신 스님의 기상 시간은 새벽 두 시. 간단히 세수를 하고 108배를 한 뒤 좌선을 하는 것으로 하루의 문을 연다. 수십 년 동안 한결같이 하루의 일과를 그렇게 시작하는 스님을 나는 '절을 시키는 선수'라고 부른다. 한평생을 참선 수행으로만 일관해 오신 스님을 그렇게 부르는 데는 이유가 있다.

스님의 은사이신 인홍 스님의 일대기를 쓰기 위해 종종 해인사 금강굴에 드나들던 어느 날의 일이다. 스님이 주석하고 있는 금강굴에는 스님을 찾아오는 방문객들이 많다. 그날도 역시 남자분들 몇 사람이 방문을 해서 스님과 담소를 나누고 있었다. 사업가, 치과의사, 교수 등 직업이 다양한 분들과 대화가 끝나갈 무렵, 스님께서 말씀하셨다.

"거사님들, 한 백 일 동안만 108배를 좀 해 보세요."

스님의 화법은 언제나 간단명료하다. 절을 하면 어떤 변화가 오고 무엇이 좋은지 그런 말씀은 없었다. '해 보시지요.' 한 말씀뿐이었다. 그런데 놀라운 것은 사오십 대로 보이는 그분들이 마치 선생님이 내 주는 숙제를 기꺼이 받아들이는 초등학생들처럼 '예, 스님, 해 보겠습니다.' 하고 대답하는 것이었다. 그렇게 순순히 받아들인 것엔 스님의 카리스마도 한몫을 했겠지만, 나는 그때 사람들에겐 좀 더 나은 나로 변화하고자 하는 욕구가 있다는 것을 발견했다. 단 한 번에 스님의 권유를 받아들이는 걸 보면서 어쩌면 저분들이 변화하고 싶은 욕구를 만족시키는 108배 숙제를 받기 위해서 스님을 찾아온 것은 아닌가 하는 생각마저 들었다.

그런데 작심삼일이라고, 무엇이든 한 번 마음먹은 게 바로 실천이 되고 지속된다면 인생에 무슨 걱정이 있겠는가. 집에서 홀로 도전해 보는 108배는 한 번에 뚝딱 실천되기 어렵다. 몇 번의 실패를 반복하면서 자리를 잡기도 하고 제풀에 꺾여 중단되는 경우가 더 많다. 아무튼 그날 이후 나는 그분들이 과연 절을 잘하고 있을까 궁금했다. 스님의 카리스마가 과연 통했을까? 그리고 무엇보다 궁금했던 것은 나이 든 남자들이 그렇게 덥석 받아 든 하루 108배 숙제를 과연 계속하고 있을까 하는 것이었다. 몇 달 후 스님을 방문했을 때 여쭈어보았더니, 스님께서 이렇게 답하셨다.

"왜, 그때 제주도에 사는 그 치과의사분 있지요? 백 일 동안 108배를 하고 난 뒤 요즘은 하루에 3백 배를 한다고 하더군요. 일단 해 보면 몸과 마음이 가벼워지고 자신감이 솟아나는데 안 할 수 없지요. 그런 경험을 하다 보면 스스로 횟수를 늘이게 돼요."

누구든 스님께 '절 한 번 해 보세요.' 하는 소릴 들으면 빠져나갈 수가 없다. 고등학생이던 큰아이를 금강굴에 데리고 갔을 때, 입시 스트레스에 시달리고 있는 아이를 앉혀 놓곤 '사람에겐 누구나 무한한 능력이 있단다. 3천 배를 해 보면 그걸 알 수 있을 거야. 여기 온 김에 한번 하고 가면 어떻겠니?' 하시더니 바로 그날 3천 배를 하게 한 분이다.

중학교 3학년이던 작은아이를 방학 때 스님이 정진하고 계시던 석남사에 쉬다 오라고 보냈더니, 그곳에 머무는 열흘 동안 매일 1080배, 마지막 날엔 3천 배를 시키셨다. 스님의 한 말씀에 꼼짝없이 3천 배를 했던 우리

아이들은 십여 년의 세월이 흐른 지금도, '스님 말씀을 거역할 사람이 있을까? 아무튼 자신감을 얻는 데는 절이 최고'라고 입을 모은다.

절을 권유해서 별로 실패해 본 적이 없는 스님께서는 언제, 어떤 계기로 108배 수행의 위력을 경험했을까.

"출가한 지 얼마 되지 않았을 때, 그 누구도 의지하지 않고 부처님 한 분만 의지해 공부하겠다는 각오를 하고 일주일 동안 하루에 4천 배씩 한 적이 있어요. 정식으로 절을 배운 적이 없어서 4천 배를 하는 데 스무 시간이 걸렸는데, 그때 일체의 잡념 없이 절을 하면서 인간에게 무한한 능력이 있다는 걸 깨달았습니다. 내면에 가지고 있는 그 절대적인 힘을 계발하면 생사를 해탈한 영원한 대자유인이 될 수 있고, 그렇지 못하면 번뇌 속에서 삶과 죽음이 계속되는 고통이 연속되겠구나 하는 생각을 하게 되었죠."

스님의 출가의 길에 있어서 법사였던 성철 스님께서는 '인간은 마음속에 절대무한의 세계를 다 갖추고 있는 절대적 존재이며 무한한 능력을 가지고 있으니 그것을 계발해서 참으로 완전한 인격을 완성해야 한다.'는 말씀을 자주 하셨다고 하는데, 절을 하고 나서 스님은 그 말씀을 가슴으로 이해하게 되었다고 한다.

그 뒤에도 스님은 참선을 하면서 때때로 3천 배, 만 배 정진을 하면서 인간에게는 퍼내고 퍼내도 다 쓸 수 없는 무한한 힘이 있다는 것을 경험했다. 지극함과 진실함을 동반한 경험만이 남을 움직이는 힘을 발휘한다.

스님의 이러한 경험들이 오늘날 스님을 절을 시키는 선수로 만들었을 것이다.

불치병을 앓던 친구에게 3천 배를 권하다

비구니계를 받고 운수납자로 다니며 수행에 전념하던 젊은 시절, 스님께서 불치병을 앓고 있는 친구를 불러 절을 하게 해서 완전히 다른 삶을 살게 한 사연은 내가 스님에게 들은 절 수행 가피 중 가장 감동 깊게 남아 있는 이야기다. 그 사연은 이렇다.

고향과 가까운 곳에서 정진하고 있던 어느 날, 초등학교 친구 한 사람의 얼굴이 떠올랐다. 출가 후 세속에서 있었던 일은 모두 잊었는데, 박꽃처럼 얼굴빛이 창백하고 눈썹이 하나도 없는 병을 앓고 있는 친구가 자꾸 머릿속에 맴돈 것이다. 3천 배를 시키면 나을 것 같은 확신이 들어 사람을 통해 보고 싶다는 연락을 취했다. 연락을 받고 친구가 왔는데 보니, 십여 년의 세월이 흘렀어도 여전히 의학적으로 치료가 되지 않는 병을 앓고 있었다. 스님은 친구에게 간곡히 권했다.

"백 일 동안 하루 천 배를 하면서 기도해 봐요. 반드시 좋은 일이 있을 거예요."

대대로 유학자 집안에서 자란 친구는 절이 낯설고 생소했으나 워낙 자신이 앓고 있는 병이 지중한 데다 옛 친구인 스님의 뜻이 고맙기도 해서, 바로 절에 머물며 기도를 시작했다. 스님들의 밥을 해 주는 공양주 노릇을 하면서 절을 하기 시작한 것이다.

업장을 녹이고 복을 짓는 데는 공양주만 한 공덕이 없다는 말이 있다. 스님은 복을 지으면서 기도할 수 있도록 친구를 배려했을 것이다. 친구는 스님들이 잘 정진할 수 있도록 정성껏 반찬을 만들고 밥을 지어 올리면서 열심히 절을 했다. 백일기도를 시작한 지 79일째 되던 날, 스님이 친구를 불렀다.

"이제 21일 남았지요? 남은 기간은 하루에 3천 배씩 해 봐요."

남은 시간 기도의 강도를 높여 21일 3천 배 기도를 시켜 본 것인데, 친구는 그동안 절을 하면서 느낀 게 많았는지 순순히 받아들였다. 남이 해 주는 밥을 먹으면서 하는 3천 배도 쉽지 않은 일인데 공양주를 하면서 하루에 3천 배를 하는 것은 보통 결심으로는 지속하기 어렵다.

친구는 절박한 마음으로 시작한 백일기도의 초심을 잃지 않고 열 시간 정도 걸려 3천 배를 정성껏 했다. 드디어 백일기도를 마치던 날 스님이 친구를 불러 기도를 하면서 좋은 소식이 없었는지 물어보자 친구가 꿈 이야기를 했다.

"밤새도록 절을 하다 잠깐 엎드려 있는데, 기골이 장대한 남자가 손에 물병을 들고 나타나서는 제게 먹으라고 하더군요. 그런데 낯모르는 남자가 주는 것을 덥석 받을 수가 있어야지요. 그래서 주저주저하고 있는데 법당에 흰옷을 입은 사람이 나타나서는 빨리 받아먹으라고 재촉을 했습니다. 그런데도 나중에 받아먹겠다고 하면서 끝내 받지 않았어요. 꿈을 깨고 나니 물을 받아먹지 않은 것이 몹시 후회됩니다."

물을 받아먹지 못한 것을 아쉬워하는 친구에게 스님은, 물병을 내밀었던 분은 중생들의 병을 치료해 주는 약사여래이고, 흰옷을 입고 나타난 분은 세상 사람들의 소리를 다 듣고 그들이 원하는 것을 성취하게 해 주는 관세음보살이었다는 것을 알려 주었다. 탐욕과 성냄과 어리석음에 오염되어 있던 마음이 정화되면 꿈에 불보살이 나타나는 가피를 얻는다고 하는데, 친구의 경우에 해당하지 않나 싶다.

불교에 대해 문외한이었던 친구는 스님의 이야기를 듣더니 용기백배하면서 기도를 더 해 보고 싶다고 했다. 인거가 끝나 다른 절로 가야 했던 스님은 그 절에서 가까운 다른 절을 소개해 주며 이번엔 하루에 3천 배씩 백일기도를 해 보라고 권했다.

젊은 시절의 불필 스님을 본 분들의 전언에 의하면, 말없이 정진만 하는 스님의 서늘한 기운에 눌려 감히 말을 건네거나 눈조차 마주치지 못했다고 한다. 그렇듯 화두 이외엔 아무것도 눈에 들어오지 않았던 젊은 날의 스님이 세속의 친구를 불러 절을 권했던 것은 인간에게 얼마나 큰 능력이 있는지를 자신이 108배를 통해 사무치게 깨달았기 때문일 것이다.

자신이 쓸 수 있는 모든 에너지를 모아서 명확한 목표를 향해 쏟아부을 때 확실한 성과를 이룰 수 있다. 어떤 일에 성과를 이룰 때 자신감을 얻게 되고 그 자신감은 짜릿한 행복을 느끼게 하는데, 그 행복한 감정이 자신도 모르게 업장을 녹인다. 3천 배는 이 모든 것을 가능케 하는 강력한 방편이다.

79일 동안 1080배, 마지막 21일을 3천 배로 백일기도를 회향하면서 병이 나을 수 있을 거라는 자신감을 얻은 불필 스님의 친구는 다시 3천 배 백일기도를 시작했다. 절을 해 보지 않은 사람에게 3천 배는 마치 난공불락의 수천 미터 산을 오르는 것보다 더 어려운 일이겠지만, 이미 백 일 동안 1080배씩을 한 터라 조금은 수월했을 것이다.

1080배를 하고 나면 108배 정도는 가볍게 할 수 있다. 그래서 절은 한두 번의 고비를 넘기는 일이 중요하다. 인생과 닮아 있다. 살면서 큰 고비를 넘긴 사람이 웬만한 어려움은 수월하게 넘길 수 있는 힘이 생기는 것처럼 말이다. 그래도 백 일 동안 3천 배를 한다는 것은 변화를 이루겠다는 확고한 목표 없이는 불가능하다. 변화란 본래의 자기로 돌아가는 것, 그러므로 욕심과 성냄과 어리석음으로 물들지 않은 본래의 나로 돌아갈 때 병도 치유되는 것이리라. 스님의 친구는 일념으로 기도하던 중 온몸에서 흰 벌레들이 거미줄처럼 죽죽 빠져나가는 꿈을 꾸는 경험을 하며, 마지막 날까지 정성을 다해 기도를 마쳤다.

십 년 이상 불치병을 앓았던 친구는 3천 배 백일기도를 하고 씻은 듯이 병을 완치하고 결혼한 다음 미국으로 가서 새로운 삶을 개척해 살고 있다고 한다. 생전에 많은 사람들에게 절을 시켰던 성철 큰스님은 '절을 해서 업이 녹는 것을 스크린으로 볼 수 있다면 생업도 그만두고 절을 할 것'이라고 말씀하셨는데, 불필 스님의 친구분이 이를 증명한 것이 아닐까 싶다.

"자기를 바로 봅시다"

•

요즘도 금강굴에 가면 법당에 늘 좌복이 한두 개 펴져 있다. 금강굴로 출가를 하러 오면 백 일 동안 3천 배를 하게 하는데, 그들이 사용하는 방석인 것이다. 하루 천 배를 하면 천 배의 신심 위에서, 만 배를 하면 만 배의 신심 위에서 출가 생활이 이뤄진다는 것이 불필 스님의 신념이다. 3천 배 백일기도를 회향한 그 힘으로 출가 생활에서 만나는 어려움들을 이겨 낸다는 것이다.

사미니계를 받을 때는 어떠한 경우에도 불퇴전하겠다는 각오를 다지며 3일 동안 3천 배 기도를 한다. 그렇게 출가한 스님의 상좌들은 예순이 넘었어도 하루 일과로 6백 배를 하는 것은 기본이다. 수십 년 동안 매일 천 배, 3천 배를 하는 분들도 여럿이다. 불필 스님은 절 수행의 효능을 이렇게 말씀하고 있다.

"우리에게 무한한 능력이 있다는 것을 깨치고 살아야 자존감이 들고 자신감이 생겨요. 자신감이 있어야 인생에서 원하는 것을 성취할 수 있습니다. 자신감을 가지는 데 108배가 가장 적절한 수행이라고 생각합니다. 큰

우리에게 무한한 능력이 있다는 것을 깨치고 살아야 자존감이 들고 자신감이 생긴다. 자신감이 있어야 인생에서 원하는 것을 성취할 수 있다.
다음을 생각하지 말고 108배를 하고 3천 배를 해 보면 안다. 자신이 얼마나 위대한 힘을 가지고 있는지.

스님(성철)께서 하신 법문 가운데 나는 '자기를 바로 봅시다'라는 법문을 가장 좋아해요.

 자기를 바로 보는 게 무엇일까요? 내가 무한한 능력을 가진 부처임을 자각하는 거예요. 그러니 절을 함으로 해서 자기를 바로 볼 수 있는 겁니다. 무슨 일을 하든 다음을 생각하면 망설임이 생겨서 밀고 나갈 수 없어요. 다음을 생각하지 말고 108배를 하고 3천 배를 해 보면 알 겁니다. 자신이 얼마나 위대한 힘을 가지고 있는지 말이죠."

 나는 오랫동안 스님을 뵈어 왔지만 단 한 번도 삶의 현장인 '지금 여기'에서 최선을 다하지 않는 모습을 본 적이 없다. 동요함이 없는 깊고 분명한 눈동자, 단정하고 위의 있는 몸가짐으로 언제나 좌중을 압도한다. 도에 대한 뚜렷한 확신과 스승에 대한 물러남 없는 존경심은 소용한 리더십으로 표출된다.

 그래서 오늘도 금강굴을 찾는 사람들은 '108배를 좀 해 보세요.' 하고 권하는 스님의 말씀을 감사함으로 받아들이고 있다.

 "절을 할 때 이마를 좌복에 닿게 해야 합니다. 좌복에 이마를 댈 때는 부처님 정수리와 내 이마를 마주 댄다는 생각을 가지고 간절하게 하세요."

 불필 스님의 이 말씀보다 더 엄숙하고 정결한 의식의 절이 있을까 싶다.

한 사람의 108배가
만 사람을 살리다

세밑에 멀리 산청 지리산 자락에 있는 선림사에 다녀왔다. 친구가 1080배 백일기도 회향을 그곳에서 하기로 했기 때문에 축하차 함께 간 것이다. 저녁 예불 뒤 친구의 마지막 기도에 동참해서 오랜만에 1080배를 했다. 3백 배를 하고 10분씩 쉬며 세 시간 정도 절을 하고 나니 가슴속 저 밑에서부터 잔잔한 기쁨이 올라왔다.

 오랜 인연의 초등학교 동창과 절을 하게 된 것도 즐거웠지만, 처음 백일기도를 시도한 친구가 큰 장애 없이 끝까지 완주해 주어서 정말 기뻤다. 중요한 일들을 앞두고 좋은 방향으로 길을 찾은 것 같아서 마음이 편안하고 큰 힘이 생겼다는 친구의 고백은 108배를 처음 권유한 나로서는 무엇보다 기쁜 일이었다.

다음 날, 바람이 세차고 눈발까지 휘날렸지만 추운 새벽 예불과 함께하는 108배는 집에서 하는 절과는 견줄 수 없을 만큼 상큼하고 생기 있게 느껴졌다. 나처럼 새벽 예불을 열렬히 사랑하는 사람에겐 절에서, 그것도 새벽에 하는 108배는 언제나 감동이다. 새벽 예불을 하기 위해 세 시에 일어나 찬물에 세수를 하고 법당으로 가는 길에 바라본 별빛, 코끝으로 쏴 하고 파고드는 차가운 기운, 어둠 속 나무들이 뿜어내는 아름다움은 새벽 예불에서 얻는 고마운 보너스다. 법당에 들어가 가만히 앉아 있으면 광활한 우주에 나 홀로 있는 듯한 그 적막감은 언제나 나를 벅차게 한다.

법당과 요사채 하나가 전부인 선림사엔 절을 하며 기도하는 사람들이 늘 스무 명 이상 있다. 여기서 그분들과 함께 정진하는 보우 법사님을 소개하려고 한다. 한 사람의 절이 일파만파 얼마나 많은 사람들의 몸과 마음을 열리게 하는지 그녀를 보면 알 수 있기 때문이다.

온몸이 침묵하던 그녀를 만나다

지금 오십 대 중반인 그녀를 처음 만난 것은 십여 년 전쯤 해인사 방장이셨던 법전 스님의 일대기를 쓰기 위해 김천 수도암에 가 있을 때였다. 점심시간이 조금 지난 오후에 법당에 있는데, 어디서 왔는지 이십여 명쯤 되는 사람들이 들어와 절을 하기 시작했다. 얼마나 다들 절도 있게 절을 잘

하는지 교육을 잘 받은 신행 단체 같다는 느낌을 받았다.

그 가운데 조용히 앞줄에 서서 절을 하는 여성 한 사람이 눈에 들어왔는데, 몸을 움직이며 절을 하는데도 온몸이 침묵하고 있다는 느낌이 들었다. 단정한 얼굴과 조용한 몸가짐이 무척이나 인상적이었다. 짧은 시간 동안 느낀 그녀의 압도적인 아우라는 세월이 지난 지금도 변함없다.

그녀가 한 신행 단체를 이끄는 법사이며, 수도암에 정진하러 왔다가 법전 스님을 만나 뵙고 화두를 받아 정진하다가 3백 일 동안 하루에 만 배씩 정진을 했다는 것을 나중에 알았다. 삼십 대 초반에 그녀가 하루 108배로 시작해 6백 배, 1080배를 하다가 하루 천 배가 딱 맞는 것 같아 부처님 전에 이렇게 서원했다고 한다.

"부처님, 제가 살아 있는 동안은 매일 1080배로 부처님께 공양을 올리겠습니다!"

그러니까 목숨이 다할 때까지 매일 108배를 열 번 하겠다는 다짐이었던 것이다. 대학에 다니던 중 출가를 결심하고 절에 들어갔다가 아버지의 손에 이끌려 속세로 다시 내려온 뒤 결혼을 하고 아이 둘을 낳고 살던 즈음이었다. 부처님께 올릴 수 있는 그 많은 공양 중에 왜 1080배로 공양을 올리려 했는지 물은 적은 없지만, 내 경험으로 미루어 참회의 공양이 아닐까 짐작하고 있다. 자신을 돌아보게 하는 참회는 모든 기도의 시작이니까.

3백 일 동안 하루 만 배 수행을 하다

●

그녀가 하루에 1080배를 하는 것은 기본이고, 몇 년 동안 하루 3천 배씩을 하다가 만 배 기도를 시작한 것은 사십대 중반쯤이다.

하루 만 배의 정진은 이미 사람의 힘을 넘어선 경지다. 적어도 3천 배를 한 번쯤 해 본 사람은 24시간 안에 만 배를 한다는 것이 얼마나 상상을 초월할 정도로 힘든 일인지 안다. 오래전 나도 도반들과 함께 하루 만 배에 도전한 적이 있다. 성도절 전날이었을 것이다. 부처님께서 그 힘든 고행 끝에 도를 이루신 날을 기념하여 자신의 한계를 넘어서 보자는 취지였을 것이다. 십여 명쯤 되는 도반들이 절을 시작했는데, 5천 배에 이르자 여기저기서 신음 소리가 새어 나왔다. 나는 7천 배쯤에 이르러 '어머, 이러나 죽겠네!' 하고 손을 들고 말았다. 쉬는 방에 들어와 쓰러질 듯이 누워 버린 기억이 있는데, 어떻게 하루도 아니고 3백 일 동안을 하루도 빠짐없이 만 배를 했다는 말인가.

하루에 만 배를 하려면 하루 세끼 밥 먹는 시간과 세수하고 화장실 가는 시간, 그리고 두어 시간 쉬는 것 이외엔 절만 해야 한다. 글쎄, 그런 상황을 어떻게 상상해야 할까? 히말라야의 고봉을 오르는데 하루 두어 시간 쉬고 걷기만 하는 것과 같을까?

처음 백 일 동안은 집에서 절을 했는데, 중고등학교에 다니던 아이들이 학교에서 돌아오면 초죽음이 된 엄마를 보고는 '부처님! 우리 엄마 좀 살려 주세요!' 하며 절하는 엄마 곁에서 울며 3백 배씩을 했다고 한다. 시간이 지날수록 몸이 앙상한 가지처럼 야위어 가자 '더하다가는 죽겠다'며 곁에서 그만두기를 청했다. 말을 듣지 않자 좀 쉬었다 하라고 간청했으나 꿈쩍도 하지 않았다.

절을 시작한 지 백 일 뒤 짐을 싸서 수도암으로 올라갔다. 절에서 해 주는 밥을 먹으며 절을 하니까 훨씬 수월했다. 나머지 2백 일 동안 무사히 절을 마치고 회향했는데, 당시 수도암에서 그녀가 절을 하는 모습을 보고 감동한 사람이 한둘이 아니라고 한다. 그녀가 절을 하던 당시 수도암 주지 소임을 보며 그녀를 돌봐 주신 원만 스님은 당시를 이렇게 회고하고 있다.

"하루에 그 많은 절을 하려면 남에게 신경 쓸 겨를이 없는데도 사람들이 다가와 절을 하는 방법을 묻거나 하면 하던 절을 멈추고 친절히 가르쳐 주는 걸 보고 놀랐어요. 하루도 빼놓지 않고 지독하게 만 배를 하더군요. 보통분이 아니라고 느꼈죠. 먹는 것부터 기도하는 데 불편하지 않도록 저도 힘껏 돌봐 드렸죠."

초인적인 힘을 발휘해 3백 일 정진을 하고 난 다음 그녀의 내면에 어떤 변화가 있었는지 알 수 없다. 다만 오늘날 그녀의 곁에서 수십, 수백 명의 사람들이 정진하고 있고, 그동안 그녀의 지도를 받아 108배, 3천 배를 하고 인생을 바꾼 사람들이 헤아릴 수 없이 많은 것을 보며 미루어 짐작해 볼 뿐이다. 언젠가 지나가는 말로 그녀는 '만 배 3백 일 정진'에 대해 잠깐

굳은 표정을 하고 온 아이들도 며칠 절에 머물며 절을 하고 나면 잡초가 말끔히 사라진 밭고랑처럼 얼굴이 환해지고 푸른 하늘로 튀어 오르는 축구공처럼 가볍고 명랑해진다.

이렇게 얘기한 적이 있다.

"매일 3천 배를 하다가 그냥 들어섰을 뿐이죠. 살아 있는 사람의 고통만 생각할 게 아니라 육신을 여읜 영혼의 고통도 생각해야겠구나 하는 생각을 하게 된 것도 계기가 되었어요. 죽고 사는 것을 생각했으면 시작을 하지 않았을 거예요. 몸을 움직이면서 영성이 맑아지니까, 그리고 저 자신과의 약속이었기 때문에 끝낼 수 있었어요. 불같은 신심만 가지고는 오래 못하죠."

모두가 이미 완전하다

한번은 그녀가 이끄는 법회에 우연히 참석한 적이 있다. 한 삼사백 명은 족히 모였을 것이다. 대구에 새로 지은 어느 절 법당을 빌려 한 달에 한 번 법회를 하는데, 백여 평 정도 되는 법당 공간이 모자라 복도 밖까지 사람들이 빽빽이 들어찬 것을 보았다. 여느 법회처럼 스님이 나오셔서 법문을 하거나 법사인 그녀가 대신 마이크를 들고 말을 하는 시간도 없었다. 삼귀의례를 하고 『금강경』을 읽는 것이 전부였다. 절을 하고 싶은 사람들은 전날 저녁에 들어와 밤새도록 3천 배를 하고 조용히 법회에 참석하는 게 전부인데도 어느 야단법석에서보다 더 큰 힘이 느껴졌다. 차분하면서도 품격이 느껴졌던 분위기를 아직도 잊을 수 없다.

불교 경전인 『업보차별경業報差別經』에는 절 수행으로 얻는 열 가지 공덕이 수록되어 있는데 그녀에게 딱 들어맞는 내용은 이렇다.

"묘색신妙色身(청정하고 미묘한 깨달은 자의 몸)을 얻으며, 말을 하면 사람들이 다 믿어 주며, 누구를 만나도 두렵지 않으며, 신과 사람들이 잘 보살펴 주며, 큰 위의를 갖추게 되며, 온갖 사람들이 다 가까이 따르며, 불보살님께서 잊지 않고 잘 보살펴 주며, 큰 복의 보답을 갖추게 되며, 명을 마친 뒤에 불국토에 왕생하며, 속히 삼매를 증득함을 얻는다."

지금 선림사에는 남녀노소를 막론하고 많은 사람들이 며칠에서 몇 달씩 머물며 기도를 하다 간다. 방학이면 초등학생부터 중고등학생, 대학생, 청년, 어른 할 것 없이 삼삼오오 무리지어 오거나 홀로 왔다가 절을 하고 간다. 지난 겨울 방학에는 마산에 사는 중학생 다섯 명이 한 조를 이루어 아침저녁으로 108배를 하고는, 남은 시간엔 절 앞마당에서 공을 차며 놀다 갔다. 초등학생 때부터 108배를 해 오던 아이들이라고 한다.

"굳은 표정을 하고 온 아이들도 며칠 절에 머물며 절을 하고 나면 잡초가 말끔히 사라진 밭고랑처럼 얼굴이 훤해지고 푸른 하늘로 튀어 오르는 축구공처럼 가볍고 명랑해져요."

많은 사람들이 오가지만 그녀는 일정하게 짜인 프로그램을 내놓지 않는다. 각자 환경과 개성이 다르기 때문에 근기를 보아 가며 108배, 1080배, 3천 배를 할 수 있도록 도와줄 뿐이다. 나머지 시간은 각자 알아서 자유롭게 보내도록 한다. 아름답게 변해 가는 지리산의 사계절 풍광을 만끽

하며 자유롭게 지내다 가게 하는 것이다.

그러나 그녀의 마음은 늘 그들에게 가 있다고 한다. 그래서인지 절을 하고 간 아이들과 청년들은 크고 작은 일들을 의논하고 싶을 때면 큰어머니와 같은 그녀에게 수시로 문자를 보낸다. 하루에도 수십 통이 넘는 문자를 받는 그녀는 한 번도 빠짐없이 따뜻한 답장을 보낸다.

그녀의 가장 큰 관심은 청소년들과 젊은이들에 대한 포교다. 무엇에도 물들지 않은 맑은 영혼으로 있을 때 108배를 하는 것이 좋은 인성이 형성되는 데 얼마나 중요한 역할을 하는지 알기 때문이다. 눈물을 펑펑 쏟아내며 고민을 털어놓고, 108배를 하고 난 다음 자신감을 얻고 돌아가는 청소년들을 보면서 그녀는 모든 생명은 밤하늘의 별보다 더 밝은 영혼을 지니고 있음을 깨닫는다. 그래서 그녀는 자식들의 일로 고민하는 부모들에게 이렇게 말한다.

"아무 걱정 마세요. 그 아이들은 이미 완전한 생명인 부처인걸요."

그 말이 얼마나 진실하게 느껴지는지, 걱정이 태산 같던 부모들의 딱딱한 마음이 따뜻한 햇살 아래 눈 녹듯 사라진다. 그렇다. 아이들은 이미 완전한 성품을 지닌 채 앞으로 나아가고 있는데, 부모들이 자신이 만들어 놓은 벽에 갇혀 아이들을 판단하고 있는 것이다. 우리가 대체 무엇을 알 수 있단 말인가. 그들이 부처라는 사실 말고는 그들의 미래도 무엇도 알 수 없다. 우리들이 할 수 있는 것은 다만 따뜻한 마음을 건네고 그들이 힘들 때 곁에 있어 주는 것뿐이다.

그녀가 머무는 선림사에는 가족 단위로 와서 절을 하고 기도를 하는 사람들이 많다. 자식들이 절을 하고 나서 변화하는 모습을 본 부모들이 따라왔거나, 부모들이 절을 하고 나서 아름다운 인생을 사는 것을 보고 자식들이 따라온 경우다.

한번은 자폐증을 앓고 있는 처녀를 부모가 데리고 왔다. 절을 하면 좋아질 수 있다는 소문을 듣고 그녀에게 맡기고 갔다고 한다. 그녀는 내 자식처럼 곁에 데리고 있으면서 절을 시켰다. 밥을 먹다가 먹은 것을 그대로 토해 내는 것은 다반사고 주위 사람들과 어울리지 못했지만 포기하지 않았다. 절을 하러 온 젊은 사람들에게 보살펴 주도록 부탁도 하고, 꾸준히 절을 시킨 지 몇 년, 지금은 어머니가 경영하는 약국에서 일을 도와줄 정도로 정상적인 일상생활을 하고 있다.

취직을 앞둔 청년들이 절을 하고 난 다음 차분하게 마음을 다스려 시험을 치른 뒤 좋은 결과를 내는 것은 평범한 일에 속한다. 결혼을 앞둔 예비부부가 108배를 함께하며 새로운 각오를 다지는 모습도 선림사에선 자주 볼 수 있다.

일 년에 몇 차례 선림사에 가서 나는 그녀를 만난다. 새로운 일을 앞두고 힘을 얻고 싶을 때나 지리산의 밝은 햇살이 그리울 때 그곳을 찾는다. 저녁 예불을 하고 한가한 시간에 그녀와 함께 차 한 잔을 나누며 얘기를 할 때마다 나는 내가 와장창 무너지는 것을 느낀다. 나를 구속하는 고정관념의 틀에서 어느 정도 빠져나왔다고 생각하다가도 그녀와 얘기를 나누다 보면 어느새 내가 다른 모양의 틀에 갇혀 있음을 발견하게 되는 것이다. 많은 사람들이 그녀를 찾는 이유 중 하나가 이에 있지 않을까 싶다.

그녀를 보면서 한 사람으로부터 시작된 108배가 얼마나 많은 사람을 살리고 변화시켰는지 느끼곤 한다. 청정한 한 마음이 한 국토를 변화시킨다는 『열반경』의 말씀을 떠올리지 않을 수 없다.

맹렬히 도전했을 때
삶은 내 것이 된다

절을 기리켜 몸을 움직이면서 하는 명상이라고 한나. 몸이라는 거울을 통해서 그동안 내가 무엇에 걸려 고통을 받았는지 저절로 깨닫는 것이 108배다. 무릎을 꿇고 머리를 바닥에 대며 내 몸을 낮추다 보면 마음이 정화된다. 그 정화가 나를 바로 보게 하고 주체할 수 없이 끓어오르는 화를 가라앉게 한다.

현실에 대한 불만과 원망으로 생기는 분노, 우울, 절망감 등 정신적인 스트레스가 체내에 축적되면서 화의 기운이 발생하는 것을 화병이라고 한다. 생각이 많거나 화가 나는 일, 답답한 일, 또 큰 상처를 받게 되면 가슴 쪽의 임맥과 등 쪽의 독맥이 막혀 소화가 되지 않고, 가슴이 답답해지거나 무거워진다. 스트레스가 많은 사람일수록 임맥과 독맥이 막혀 쉽게 화병이 생기게 되는데, 이럴 때 절을 하게 되면 가슴이 시원해지고 굳은 어깨와 등이 같이 풀어진다.

화를 가라앉힌 108배

나와 함께 수행 모임인 '금강카페'에서 정진하는 경란 보살은 그동안 곁에서 보아 온 사람 중 꾸준히 108배를 해서 가장 역동적이고 아름답게 인생을 변화시킨 도반이다. 불교에 대해서는 문외한이며 오히려 기독교에 가까운 정서를 가졌던 운동권 교사 출신의 그녀가 108배를 하기 시작한 것은 그녀의 표현대로라면 머리 뚜껑이 열릴 만큼 화가 치솟고 늘 마음 밭이 송곳처럼 날카롭던 시기였다.

생활이 어렵고, 일에 지치고, 반항기에 접어든 큰아이의 사춘기까지 맞물려 도저히 자신을 다스릴 수 없는 상황에 몰려 있었다. 때를 가리지 않고 화가 불쑥불쑥 솟아오르는 것을 어쩌지 못하고 있을 때, 누군가 '절을 하면 화가 가라앉는다.'고 귀띔해 주었다. 그 말 한마디가 천군만마가 되었다. 바로 인터넷에 들어가 절하는 방법을 알아보고 108배를 시작했다.

108배 수행의 최대 장점은 시간과 장소에 구애받지 않고 마음만 먹으면 바로 그 자리에서 할 수 있다는 것이다. 집에 방석 하나만 있으면 되고, 방석이 없으면 무릎이 닿을 때 무리가 가지 않을 정도로 담요를 도톰

하게 접어서 깔고 하면 된다.

　지금은 3천 배를 밥 먹듯이 하는 그녀지만 처음에는 108배를 다 채우지 못했다. 절을 조금만 해도 허벅지가 아프고 호흡도 거칠어 헉헉거렸다. 안 하던 절을 하려니 무릎에 피고름도 생겼다. 그러나 그것도 잠시 꾸준히 횟수를 늘리며 일정량의 절을 하다 보니 저절로 호흡이 편해지면서 숨이 차지 않고 다리도 아프지 않았다.

　108배는 조용히 앉아 하는 명상과 달리 온몸을 움직이면서 호흡을 수련하게 되는데, 한 호흡 한 호흡에 집중하다 보면 스트레스와 불안, 분노의 마음 등이 정화되면서 정신적으로 깊은 안정감을 얻을 수 있다. 심리적, 정신적으로 얻는 효과가 말할 수 없이 큰 것을 경험하게 되는데, 그녀에게 108배가 명약이 되기 시작한 것이다.

"망상의 노예로 살아왔구나!"

•

그렇게 매일 108배를 하면서 경전을 공부하고 정진하는 수행 모임에 들어가서 불교를 체계적으로 배우기 시작했다. 몇 개월이 지난 후 수행 모임에서 천일기도 정진을 시작하자 매일 3백 배를 하기 시작했다. 매일 '아미타불'을 부르며 간절히 염원했다.

　"화가 나는 이 마음이 가라앉기를!"

절을 하자 수없이 눈물이 쏟아져 내렸다. 지난 일들이 파노라마처럼 스쳐 지나가며 하나하나 참회가 되었다. 오래된 과거의 일들이 차례로 올라와 고통스러웠지만 눈물을 쏟으며 참회하는 과정을 거치면서 마음이 안정되고 화가 가라앉기 시작했다.

화가 가라앉으며 시간이 흐르자 무엇보다 헛된 생각이 줄어들었다. 절을 하기 전에는 생각을 많이 하는 것이 좋은 것이라고 생각했다. 긍정적이며 건설적인 생각이나 사회적 현상들에 대해 늘 판단하고 비판하며 무언가 정리해서 받아들이는 것이 올바른 일이라고 생각했다. 그런데 절을 하다 보니 자신을 그토록 괴롭혔던 것이 그러한 끝없는 생각(망상) 때문이었음을 알게 된 것이다.

"예를 들면, 아이가 잘못을 하면 잘못한 그것만 생각하는 것이 아니라 그와 연관된 모든 것을 떠올리며 걱정했던 것 같아요. '아이고, 저 아이가 저렇게 게을러서 앞으로 제대로 먹고살기나 하려나, 결혼해서 아이나 제대로 낳아 키울 수 있으려나, 나중에 나이 들어 내가 힘이 없을 때 손을 벌리면 어떻게 하나' 등등 수없는 망상을 피우다 보니 망상이 실제인 양 착각하게 되어 아이에게 공격적이 되었고 그러다 보니 관계가 점점 악화될 수밖에 없었죠. 이런 어리석음을 전혀 깨닫지 못하고 살다가 절을 하고 또 불법을 알아 가면서 그것들이 정말 헛된 생각, 즉 망상에 불과하다는 것, 그리고 내가 망상의 노예로 살아왔구나 하는 것을 깨달았어요."

절을 하다 보면 스트레스로 오염되어 있던 마음이 정화되는데, 마음이 정화되다 보면 반드시 자신을 성찰하는 계기를 가지게 된다. 자신을 낮추고 예경禮敬하는 절을 통해 자신을 바로 보게 되니 참회와 감사가 나오고, 자연스레 자신이 또 망상을 일으키고 있구나 하는 자각(알아차림)을 하게 된다. 이 알아차림이 망상을 사라지게 하는 일등공신이다. 망상이 사라지니 마음이 가벼워진다.

그녀는 요즘 헛된 생각이 올라오면 얼른 알아차리고 '나무아미타불'을 염한다. 헛된 에너지를 '아미타불'이라는 순수 에너지로 대체하는 것이다. 망상을 피우지 않게 되자 마음이 편안해지고 타인에 대한 시선도 긍정적으로 바뀌었다. 마음이 안정된 가운데 좋은 에너지를 보내니 상대방도 경계하는 마음을 허물고 편안해하는 것이다.

결국은 모든 일이 나로부터 비롯되고 문제의 해결은 자신을 바로 보는 것에 있다. 그런데 대부분 어리석게도 그렇게 마음이 피폐해지도록 자신의 상황을 모르고 지낸다. 무엇보다 황폐해진 마음을 어떻게 다스려야 할지 몰라서 방황하는 경우가 많다.

힘찬 에너지가 올라오다

108배로 화를 다스리는 해답을 찾은 그녀의 큰 변화 가운데 하나는 건강이 좋아졌다는 것이다. 추위를 많이 타고 산에 오를 때면 숨이 차서 헉헉

거리던 현상이 말끔히 사라졌다. 좀처럼 아픈 일도 없고 아파도 쉬 지나간다. 망상을 내지 않으니 쓸데없이 에너지를 낭비하지 않은 탓도 있을 것이다. 몸이 한없이 무거웠다가, 느닷없이 자신이 한없이 초라하게 느껴져서 아무것도 할 수 없을 것 같은 생각에 땅속으로 기어 들어갈 것처럼 심신이 축 처지곤 했던 현상도 사라졌다. 절을 통해 맑고 힘찬 기운을 퍼 올리게 된 것이다.

절은 온몸을 움직이는 전신운동이자 운동 효과를 높여 주는 저강도의 유산소운동이며 복식, 단전호흡이 저절로 되어 기 순환을 원활하게 해 준다. 그러니 몸이 건강해지지 않을 수 없다. 거기다가 자신을 낮추는 예경행위를 통해 참회하고 감사하며, 자신을 성찰하게 되니 망상들이 사라져 마음이 가벼워진 것이다.

절을 하면 그렇게 힘찬 에너지가 올라온다는 것을 체험한 그녀는 큰일을 앞두게 되면 늘 절하는 횟수를 늘린다. 백일기도에 들어가 하루에 1080배씩 하거나 일주일 혹은 21일을 정해 놓고 3천 배를 한다. 어떠한 상황에 부딪쳐도 평정심을 잃지 않고 마음을 단단히 다지기 위해서다.

절을 하면서 잠도 많이 줄었다. 절을 하기 전에는 잠이 늘 부족하다고 생각했다. 그래서 늘 피곤하다고 생각하고 더 자야 한다고 생각했는데 몸이 가벼워지다 보니 맑은 새벽에 일어나 절을 하는 날이 많아졌다.

가족도 변화하다

•

내 한 마음의 변화가 세계를 움직인다고 했던가. 절을 하면서 화를 다스리고 마음의 평안을 얻는 동안 그녀의 주변도 환하게 밝아졌다. 국회의원 선거에서 한 차례 고배를 마셨던 남편은 어느덧 두 번째 배지를 단 국회의원이 되었다. 그녀가 선거를 앞두고 얼마나 열심히 정성을 다해 절을 하던지, 하늘이 그녀의 염원을 들어주지 않고는 못 배기실 거라고 생각한 사람은 아마 나뿐만이 아니었을 것이다. 두 번째 치른 선거에서 전국 최다 득표를 한 그녀의 남편이 한번은 아내가 절하는 정진 모임에 와서 수줍게 말했다.

"저는 그저 집사람이 절하는 공덕에 얹혀서 가고 있어요."

정치인의 아내이다 보니 사람들을 많이 만나 사귀어야 하는데 그리 사교적인 편이 못 되어서 스트레스를 많이 받는 성격이었다. 그런데 절을 하면서 사람에 대한 경계가 많이 허물어져 마음 편하게 대할 수 있게 된 것도 절을 하면서 얻은 변화이다.

이기적이고 예민해서 (물론 엄마의 편견이겠지만) 많이 부딪쳤던 큰딸은 꾸준히 절을 하고 삼보일배를 하는 그녀를 보면서 엄마를 보는 눈이 차츰 달라졌다. 급기야 어느 날 엄마가 절을 하는 방에 들어와 '엄마, 잘 키워주셔서 고맙습니다.'라고 해서 그녀에게 절한 보람을 느끼게 했다. 지금은 대학을 졸업하고 원하던 직장에 들어가 건강한 사회인으로 활동하며,

세상의 엄마들이 자식들에 대해 괜한 걱정을 하고 산다는 것을 확인시켜 주고 있다.

부모가 절을 하면 자식들과의 관계는 저절로 개선된다. 세상을 바라보는 나의 내면이 긍정적으로 바뀌고 겸손해지는데 무슨 문제가 생기겠는가. 절을 시작할 때 초등학생이었던 아들은 엄마를 따라다니며 꾸벅꾸벅 108배를 하고, 어른들 틈에 끼어 스님의 법문을 들으면서 까르르 웃곤 하더니, 고등학교 1학년 때 인도 다람살라에 가서 티베트 노스님들과 스무 날을 지내다 왔다. 한없이 겸손하고 신심 깊은 노스님들과 지내면서 그 아이가 받은 감화가 어떠했을지 보지 않아도 짐작할 수 있겠다. 올해 대학에 들어가는 아들은 2월에 다시 2주 정도 다람살라로 노스님들을 찾아 뵙는다고 하니, 어려서부터 엄마의 정성스러운 기도와 함께 성장한 그의 미래를 기대하지 않을 수 없다.

맹렬히 삶에 도전하게 한 108배

십여 년의 세월이 흐른 지금 그녀는 이제 절 수행에 관한 한 베테랑에 속한다. 매일 108배는 물론, 1080배 백일기도와 21일 3천 배 기도를 수없이 한 결과다. 그뿐만이 아니다. 도반들과 함께 1700미터 고지에 있는 설악산 봉정암까지 삼보일배를 몇 차례나 했다.

십여 년 동안 곁에서 그녀를 보면서 내가 배운 것은 자신의 한계를 극복하고 진지하고 맹렬하게 삶에 도전한 태도였다. 정성을 다해 지속한 그녀의 108배와 3천 배는, 그렇게 삶은 쉬지 않고 맹렬히 도전했을 때 진정 내 것이 된다는 것을 보여 주었다.

백담사 입구에서 봉정암까지 세 걸음 걷고 한 번 절하면서 가려면 보통 열일곱 시간 정도 걸린다. 초인적인 힘을 발휘해야 하는 그야말로 용맹정진이다. 언젠가 삼보일배를 마치고 돌아와 얼굴이 환히 빛나던 그녀에게 왜 그렇게 힘든 삼보일보를 여러 차례 하느냐고 묻자 이렇게 대답했다.

"갈등이 너무 많은 사회인 것 같아요. 나와 생각이 좀 다르면 배척하고 생각이 같으면 함께하려는 울타리들을 자꾸 견고하게 쳐 나갑니다. 이러한 현상들이 없어지고 서로 다른 것을 인정하고 편안하게 지냈으면 좋겠다는 발원을 가장 많이 합니다. 그리고 마음을 다스리며 경험한 이 기쁨과 행복이 마음을 다스리지 못해 고통을 당하는 사람들에게도 전해졌으면 하고 기도합니다. 화가 나는 마음이 다스려지지요, 건강 좋아지지요, 편안한 인간관계가 형성되지요, 주변에 좋은 기운 만들어지지요, 이렇게 절은 일석다조입니다. 자신이 변화되고 싶은데 어떻게 해야 할지 모르겠으면 108배를 하라고 권하고 싶습니다."

십여 년 동안 곁에서 그녀를 보면서 내가 배운 것은 자신의 한계를 극복하고 진지하고 맹렬하게 삶에 도전한 태도였다. 정성을 다해 지속한 그녀의 108배와 3천 배는, 그렇게 삶은 쉬지 않고 맹렬히 도전했을 때 진정 내 것이 된다는 것을 보여 주었다.

그런데 아무리 변화를 열렬히 갈망한다 해도 어떻게 그 힘든 3천 배를 하고 그 높은 봉정암까지 삼보일배를 하며 가느냐고 물을 수도 있다. 천

리 길도 한 걸음부터다. 그녀가 증명해 주지 않았는가. 지금 바로 108배부터 시작해 보시라.

3천 배 고수들이 답하다

성철 큰스님이 머물면서 3천 배를 하게 독려했던 백련암을 떠올리면 기억나는 장면이 하나 있다. 오래전, 많은 사람들과 함께 밤새 3천 배를 하고 나오던 나이 지긋한 한 여성분에게 방송국 기자가 물었다.

"3천 배를 하면 뭐가 좋지요?"

일 초의 망설임도 없이 환한 얼굴로 그분이 답했다.

"말로 할 수 있나요? 해 보면 알아요!"

나는 아직 저 물음에 이보다 더 명쾌한 답을 발견하지 못했다.

또 하나 인상적인 것은 백련암의 수행 이야기를 담은 한 책에서 읽은, 국제학교를 다니다가 휴학하고 절을 하기 위해 백련암을 찾아온 여학생의 이야기다.

"학교는 일단 공부하는 곳이잖아요. 시험을 치르기 위해 항상 외워야 하고, 스트레스를 주는 게 많잖아요. 그런데 여기 절에서는 비우는 공부를 하잖아요. 학교는 채우는 공부를 하고 여기는 비우는 공부를 하니까, 마음이 점점 홀가분해지는 거죠. 늘 타인의 시선을 의식하다 보니 마음이 공허했는데, 절 수행을 통해 저 자신이 진짜 무얼 원하는지 알게 되었어요. 절은 몸의 움직임을 통해서 자아성찰을 하는 가장 빠른 방법인 것 같아요. 참선은 가만히 앉아 있으니까 화가 나는 마음이 올라왔을 때는 어떻게 할 수 없는데, 절을 할 때는 힘드니까 그런 마음이 안 올라오는 거예요. 그러니까 그런 과정을 통해서 점점 화가 나는 마음이나 짜증나는 마음의 농도를 내리다 보면 언젠가는 그런 마음도 사라지고, 나와 남을 구별하지 않고, 정말 나는 남을 대하듯, 남은 나처럼 대하듯, 그런 마음을 모든 분들이 가졌으면 좋겠어요."

'공부보다 중요한 것은 자신을 바로 보는 것이라'며 자식을 백련암으로 가게 했던 그녀의 어머니 말도 기억에 남는다.

좌복 하나로 얻는 자유

•

좌복 하나만 있으면 자유를 얻을 수 있다는 것을 보여 주고 있는 백련암은 절 수행에 관한 많은 이야기들이 스며 있는 곳이다. 그래서 해인사 백련암

'자기를 바로 보라. 남을 위해 절하라.'

은 절 수행의 종갓집이라 할 만하다.

　3천 배를 하기 위해 오늘날 수많은 사람들이 찾는 그 종갓집을 탄생하게 한 주인공은, 생전에 일체중생의 행복을 위해 3천 배를 하라고 가르쳤던 성철 스님이다. 스님께서 열반에 드신 지 올해로 24년째이지만 그 열기는 수그러들지 않고 있다. 첫째 주만 빼고 매주 주말마다 전국에서 3천 배를 하러 오는 사람들로 붐빈다. 둘째 주는 수미산팀, 셋째 주는 아비라팀, 넷째 주는 3000배 팀이 철야정진을 하고 있다. 많게는 3백여 명 정도에서 백 명 미만의 사람들이 참석한다.

　백련암에서만 절을 하는 게 아니다. 성철 스님의 상좌 스님들이 계신 곳엔 영락없이 절 수행을 하고 있고, 절 수행을 하는 사람들끼리 모임을 만들어 매달 3천 배 정진을 하는 팀들이 수두룩하나. 매년 11월 성철 스님의 열반주기 때는 조를 짜서 전국 각 지역에서 모인 사람들이 일주일 동안 밤낮으로 쉼 없이 절을 한다. 일주일 동안 백련암은 전국에서 올라와 정진하는 사람들로 발 디딜 틈이 없다.

　나는 그 광경을 볼 때마다 한 선지식이 남긴 수행이라는 이름의 유산이 얼마나 위대한지를 느끼곤 한다. 아마도 성철 스님은 온 마음과 몸을 다한 수행만이 고통 속에서 윤회하는 삶을 온전히 변화시킬 수 있으며, 건강한 종교 생활을 지속하게 한다는 것을 아셨을 것이다.

　나는 오래전 큰스님 열반주기를 맞아 매년 실시되는 3천 배 철야정진에 큰딸아이와 함께 정진한 적이 있고, 책 한 권을 탈고하고 올라가 3천 배를 한 적이 있다. 매번 좋았고 감동적이었다. 딸과 함께한 3천 배는 딸아이와 도반이 되는 계기가 되었고, 홀로 올라가 낯모르는 분들과 섞여 했던 3천 배는 쓰러질 것처럼 힘들었지만 탈고를 하고 난 뒤 감사 회향으로 한 3천 배여서 오래도록 기억에 남는다.

뿔 달린 도깨비 얼굴이 천진 미소로 바뀌다

지난주 토요일, 백련암에서 매달 넷째 주 토요일에 3천 배 철야정진을 하고 있는 3000배팀을 부산 자운사(53사단 사령부 내 군법당)에서 만났다. 마침 부산에 볼일이 있어 백련암으로 가는 대신 그곳을 찾은 것이다. 매달 세 번째 주에 자운사에 모여 3천 배를 하고 있는 분들이다.

십여 년 전 인터넷 사이버 도량인 '3000배 카페'를 만들어 매주 첫째 주는 부산 옥천사에서 능엄주 기도를 하고, 셋째 주는 자운사에서, 넷째 주는 백련암에서 3천 배를 하고 있는 맹렬 정진팀이다. 이 팀에 속해 있는 분들은 하루에 천 배는 기본이고, 한 달에 한두 차례 3천 배, 일 년에 몇 차례 만 배를 한다.

오후 여섯 시에 절에서 정갈하면서도 푸짐했던 저녁을 먹고, 일곱 시 정진이 시작되기 전 이 팀의 도반들을 이끌며 정진하고 있는 원공 거사에게 단도직입적으로 물었다. 지방 신문사의 제작 파트에서 일하고 있는 중

년의 이분은 13년째 절을 하고 있는 절 수행의 베테랑이다.

"절을 하고 나서 가장 큰 변화는 무엇인가요?"

도대체 그토록 오래 쉬지 않고 절을 하는 이유가 무엇일지 궁금했다.

"예전엔 성격이 엄청 날카로웠어요. 규정에서 어긋난 꼴을 보지 못해 항상 뿔 달린 도깨비 같은 표정을 하고 있었어요. 사람들이 함부로 접근을 못할 정도였는데 절을 하고 둥글게 바뀌었죠. 마음이 차분해지고요."

무공해의 친절한 미소가 잔뜩 묻어 있는 사람 좋아 보이는 그의 얼굴 어디에 뿔 달린 도깨비가 숨어 있었을까, 도무지 믿기지 않았지만, 절을 할수록 얼굴이 바뀐다는 것엔 동감이다. 날카롭고 어두웠던 인상은 부드럽고 가벼운 인상으로 바뀌고, 웃음기 없던 메마른 얼굴도 살짝 미소 띤 얼굴로 바뀌는 것을 많이 보았기 때문이다.

알아차리는 힘이 생기다

다음은 오십 대 초반으로 서비스업에 종사하고 있는 커리어우먼 경일장 보살님이 여러 사람을 대표해 자신의 경험을 털어놓았다. 날씬하고 경쾌한 몸매로 보아 나이가 실감나지 않았다.

십여 년을 모시던 친정어머니가 돌아가시고 가눌 길 없는 마음으로 모든 걸 다 잃었다고 생각되었을 때, 설상가상으로 오빠가 산재로 인해 중

환자실에 입원했다. 자신이 할 수 있는 게 없었다. 백련암의 한 스님이 21일 동안 천 배를 해 보라고 했다.

절에 가면 삼배 정도만 하던 생짜배기 불자였지만 21일 동안 하루도 빠지지 않고 절을 했다. 얼마나 절박했는지 중환자실 보호자 대기실에서 매트를 깔고 절을 했다. 창피하거나 누구한테 미안할 것도 없었다. 절을 한 지 21일째 되던 날 잠시 좋아졌던 오빠는 다음 날 돌아올 수 없는 강을 건넜다. 세상을 떠난 오빠를 위해서 다시 천 배 백일기도를 했다.

"기도가 끝나고 많은 것을 깨달았죠. 가장 먼저, 오빠를 위해서 매일 천 배를 했지만 나를 위한 기도였구나 하는 것을 깨달았어요. 또 모든 게 시간이 필요하구나, 세상일은 내가 노력한다고 해서 다 이뤄지는 것은 아니구나 하는 것을 깨달았죠. 하기 어려운 3천 배도 처음 한 번의 절부터 시작해 힘든 과정을 거쳐 3천 배로 마무리되듯 세상일도 그렇게 시간이 필요하다는 것을 알았어요. 성격도 많이 바뀌었죠. 조용히 앉아서 하는 바느질 같은 것은 속에서 천불이 올라와 엄두도 못 냈는데, 지금은 차분히 앉아 끝까지 할 수 있게 됐죠."

그뿐만 아니다. 직장 생활을 하면서 내가 옳다고 생각하면 상대방을 배려하지 않은 채 직설적으로 내뱉었던 말도 미리 거두어들일 줄 아는 힘도 생겼다. 경우 없는 고객을 대할 때 화가 올라오는 것을 문득 알아차리고 입을 다무는 힘이 생긴 것이다. 늘 싸움닭처럼 덤벼들었던 일은 과거가 되어 버렸다.

지금 그녀는 매일 천 배를 하고 매달 한 차례 3천 배를 하며 일 년에 한 두 번씩 만 배를 하는 절 수행자가 되었다. 정진하는 동안 뒤에서 절을 하는 그녀를 지켜보니 가뿐가뿐하게 일어서며 3천 배를 거뜬히 해냈다. 중간중간 쉬는 시간이 시작되면 '아이고 힘들다!' 하는 소리를 냈는데, 그럼에도 불구하고 흐트러짐 없이 끝까지 3천 배를 완주하고, 다음 달이면 다시 3천 배를 하는 이유는 지속적인 수행만이 삶을 완성시키는 공덕이 됨을 누구보다 잘 알기 때문일 것이다.

세상에 감사하지 않은 일은 없다

오후 일곱 시부터 시작된 3천 배 정진엔 나를 포함해 15명이 참석했다. 10명이 여성, 5명이 남성이었다. 대략 사십 대에서 육십 대까지의 연령 분포를 이루었는데, 사오십 대가 주를 이루었다. 처음 천 배를 하고 30분 쉰 다음 8백 배, 7백 배, 5백 배를 하는데, 그 중간에 30분씩 쉬면서 정진했다. 108배를 하는 시간은 12분, 그러니까 천 배를 하려면 정확히 두 시간 걸린다. 시간을 정확히 지키면서 절도 있게 절을 했는데, 가장 힘든 시간은 7백 배를 할 때라고 입을 모았다.

"함께 정진하면 80프로는 저절로 하게 돼요!"

참석자 한 분의 말처럼 나도 첫 시간은 힘들지 않게 천 배를 마쳤다. 날

렵하고 가볍게, 우아하고 조용히 화두를 든 것처럼 한 배 한 배 절을 하고 나비처럼 가볍게 일어서는 동작이 똑같은 게 인상적이었다. 한 분이 '지심귀명례'를 선창하면 나머지 분들이 부처님의 이름을 호명하는 「108대참회문」을 보고 절을 하는데, 선창하는 거사님의 목소리와 부처님의 이름을 호명하는 분들의 목소리가 끝날 때까지 조금도 흐트러짐 없이 한결같은 것도 오랜 수행에서 나온 결과처럼 보였다. 깊은 우울증을 매달 한 번씩 하는 3천 배를 통해 극복했다는 한 거사님의 등이 시간이 흐르면서 땀으로 흠뻑 젖어 있었다.

첫 번째 시간이 끝나고 한 달에 한 번 3천 배를 한다는 혜안성 보살님과 이야기를 나누었다. 48세, 직장인으로 아들 셋을 둔 엄마다. 남편과 함께 왔다. 눈빛을 반짝이며 맨 앞줄에서 경쾌한 동작으로 절을 했던 분이다.

일 년 정도 매일 아침에 아이들을 데리고 108배를 했다는 그녀는 남편이 해외로 6개월 동안 출장을 가 있는 사이, 아이들을 데리고 한 달에 한 번씩 3천 배를 하러 다녔다. 아이들은 처음부터 3천 배를 거뜬히 해냈고, 6개월 후 남편이 돌아오면서 합류했다. 처음 온 식구가 백련암에서 3천 배를 하던 날, 바로 뒤에서 어린 아들이 지켜본다고 생각해서인지 남편은 다리를 파르르 떨면서도 끝까지 해냈다고 한다. 아버지의 위엄을 지키기 위해 힘든 절을 끝까지 완주한 모습이 자식에게는 어떤 교훈보다 아름다웠을 것 같다.

그렇게 온 가족이 도반이 된 이후, 절하는 게 너무 재미있고 좋았던 그녀는 2년 동안 매일 1080배를 했다. 아침에 일어나 집에서 5백 배를 하고 나머지 5백 배는 점심시간에 직장에서 했다. 사무실의 한 직원의 부인이 불자라서 양해를 얻어 사무실에 방석을 가져다 놓고 절을 했다고 한다.

"정말 3년 동안 미친 듯이 절을 했어요. 남편이 싫어하는 기색을 보이면 숨어서 했을 만큼 열정적으로 했죠. 함께 정진하는 도반들이 큰 힘이 되었어요. 처음 만 배에 도전해 절을 할 때를 잊을 수 없어요. 힘들 것 같았는데 오히려 몸이 가벼웠고 환희로운 마음에 눈물을 많이 흘렸죠. 세상에 감사하지 않은 게 하나도 없더군요. 부모님이 저를 건강하게 낳아 키워 주신 것, 남편이 절을 하러 가는 나를 차로 데려다준 것, 아이들이 잘 자라고 있는 것, 이 모든 게 당연하다고 생각하며 살아왔는데, 만 번 몸을 아래로 숙이고 보니 당연한 것은 하나도 없다는 걸 깨달았어요."

매일 천 배씩을 하던 어느 날 새벽, 절을 끝내고 침대 밖으로 삐죽하게 나온 남편의 발 한 짝을 보고 눈물이 터져 나왔다고 한다.

"아, 저 발로 걸어 다니면서 열심히 일해 가족들을 먹여 살렸구나!"

맞벌이를 하다 보니 당연하다고 생각했던 일이 너무 큰 감사함으로 다가왔던 것이다. 남편의 발을 붙들고 대성통곡을 하면서, 여태 이렇게 고마운지 몰랐다고, 감사하다고 고백했다. 그 이후로도 고맙고 감사하다는 소리를 많이 했다. 그런 감사한 마음으로 살다 보니 어려운 일이 생겨도 잘 이겨내게 되었다. 자식을 키우면서 기다릴 줄 아는 지혜도 배웠다. 완벽주의자인 자신 때문에 곁의 사람들이 얼마나 힘들었을까를 생각하니 깊은 참회가 되었다.

모 아니면 도일만큼 곧은 성격으로 인해 대인 관계가 힘들었던 남편도 절을 하고 인간관계가 원만해졌다. 시어머니는 아들이 변화하는 걸 보면서 지금은 며느리가 만 배를 하러 간다고 하면 도반들과 함께 먹을 죽을 쑤어 준다고 한다. 초등학교 4학년 때부터 엄마와 함께 절을 해 온 막내아들은 지금 고등학생인데, 모든 것을 제가 알아서 하고 어른처럼 느껴지는 도반이 되었다.

처음 절을 시작할 때 가족 모두 함께했으면 좋겠다고 생각했던 염원이 아이들과 남편은 물론 친정 식구들까지 절을 하게 되는 것으로 이뤄졌다. 결혼을 앞둔 조카에게 최고의 선물이 될 거라고 예비 신부와 함께 3천 배를 권했더니, 조카가 절을 하고 나서 이모가 왜 둘이 함께 3천 배를 권했는지 알게 되었다면서 고마워했다.

또 절을 하고 난 후, 사람들에게 좌복을 선물하기 시작한 것이 오늘날까지 이어지고 있다. 절을 하면서 깨달은 소중한 가치를 이웃과 함께하고 싶은 사명감이 생기는 것도 절 수행으로 얻는 수확이다.

현재를 사는 수행자들

정확히 다음 날 새벽 2시 40분에 3천 배가 끝났다. 부처님께 삼배를 올리고 나서 다시 "성철 종사께 삼배를 올리겠습니다." 하는 소리에 맞추어 다시 삼배를 올리던 그들의 모습이 마음속 깊이 와 닿았다. 그렇게 한 사람의 도인이 영원한 생명으로, 스승으로 존재하는 것이 실감되었다.

다시 이십여 분 동안 간단한 예식을 마치고 서로를 바라보며 삼배를 올리고 나서 완전히 끝난 후 혜안성 보살님이 남편에게 다가가 두 손을 모으고 활짝 미소 지으며 말했다.

"수고하셨습니다."

남편이 쑥스러운 듯 아무 말도 하지 않은 채 몸을 돌리던 모습이 어떤 화려한 말보다 멋있어 보였다. 부부에게 아름다운 가치를 공유하고 실천하는 것보다 더 큰 사랑이 어디 있겠는가.

절을 끝내고 나서 먹은 떡국 한 그릇은 어느 고급 한정식 식당 음식보다 맛있었다. 떡국을 끓여 낸 분은 3천 배를 매일 12년 동안 하고, 현재 천 배를 하고 있다는 59세의 종현월 보살님이었다. 도반들이 잘 정진할 수 있도록 쉴 때마다 간식을 차려 내고 뜨끈한 떡국 한 그릇으로 피로를 날려 보내게 한 그녀의 보살행이 밤새 3천 배를 한 분들만큼이나 뜻깊어 보였다.

떡국을 먹으며 '지심귀명례'를 고른 음으로 선창했던 젊은 거사님에게 물었다.

"많은 젊은 분들이 절을 좀 했으면 좋겠는데, 좋은 방법이 없을까요?"

그가 대답했다.

"글쎄요, 저희들이 이렇게 계속 정진하고 있으면 한 사람 한 사람 다가오지 않을까요?"

우문에 현답, 현재를 사는 수행자다운 대답이었다.

요즘도 주말이면 백련암은 3천 배를 하러 오는 사람들의 발걸음으로 분주하다. 대부분 백련암에서 절을 시켰던 성철 스님을 뵙지 못한 사람들이지만, 수없이 몸을 엎드려 절을 하면서 '자기를 바로 보라. 남을 위해 절하라.'고 일렀던 선지식의 가르침을 가슴으로 깨닫고 있는 것이다.

아마 이 모습은 오랫동안 미래로 이어질 것이다. 스님께서 중생들에게 던진 저 두 가지가 삶에서 수없이 마주치게 되는 번뇌의 고통을 벗어나게 하는 화두일 테니까.

3장

습관 성형, 운명 개척

불안한 청춘들에게

17년 동안 줄곧 '깍두기', '만년 3등' 소리를 들으면서 본업인 가수 활동보다는 예능에 출연해 왔던 코요테의 김종민 씨. 그가 2016년 KBS 연예대상을 받았다. 일간지 기자가 "지금 전성기라고 해도 언젠가는 슬럼프가 또 올 텐데, 그때 어떻게 할 거냐?"고 물었다. 방송에서 사자성어 맞히기 퀴즈를 하던 중 질문자가 "오매?" 하자 "가!"로 대답하고(정답은 오매불망), "미인?" 하자 "박멸"이라고 대답했던(정답은 미인박명) 그다. 이처럼 늘 대중에게 어리숙한 바보로 비쳤던 그가 저 기자의 물음에 어떻게 대답했을까.

"단순해지는 거다! 뭐가 안 풀릴 땐 일단 고민하지 않고 무조건 몸을 열심히 쓰면서 부딪쳐 보는 거다. 그렇게 하루 종일 고되게 부딪쳐 보고 집에 돌아갈 때쯤이면 '이렇게 최선을 다했는데, 뭐 어쩌겠어?' 하는 생각을 한다. 이런 상황이 반복되다 보면 어느새 문제가 풀린다. 실력도 그렇게 는다."

그러면서 그는 팔굽혀펴기를 예로 들었다.

"10개까지는 할 수 있다. 거기에 하나를 더해 11개를 만드는 게 정말 힘든데, 죽을힘을 다하면 11개를 할 수 있다. 그런 식으로 하면 12개, 13개가 된다. 그러니까 나는 이제 걱정 안 한다. 11개를 일단 만들어 놓으면 뭐든 될 테니까."

이십 대 후반, 삼십 대 초반에 연예인이라는 직업이 불안해서 사업에 손을 댔다가 몇 번이나 망한 적이 있다는 그가 팔굽혀펴기를 예로 들어 인생의 핵심을 설파한 것처럼, 108배를 통해 얻는 효과도 그렇다.

처음엔 108배도 하기 힘들지만 그 산을 넘어서고, 1080배, 3천 배의 더 높은 산을 넘다 보면 그가 말한 것처럼 뭐가 돼도 될 거라는 믿음이 생긴다. 몸을 움직여 어려움을 극복하고 성취감을 맛보았기 때문이다. 절 108번을 하는 것도 힘들었던 사람이 3천 배를 해냈다는 쾌감을 맛보았을 때, 무엇이든 어려움을 극복할 수 있는 힘이 자신에게 있다는 것을 알게 된다.

수행이 무슨 극기 훈련도 아니고 그렇게 3천 배를 수없이 할 필요가 있느냐고 묻는 사람도 있다. 당연히 극기 훈련이다. 나를 넘어서지 못하고 무엇을 넘을 수 있단 말인가. 그래서 성철 스님은 자신을 극기하는 자만이 무엇이든 성취할 수 있다고 일갈하셨다.

지금 현재에 깨어 있게 하는 108배

지금 현재에 집중할 때 안심을 얻는다. 다시 말해 불안감을 확실하게 떨쳐 낼 수 있는 방법은 현재의 자신에게 집중하는 것이다. 지난 과거에 매달리고 알 수 없는 미래에 마음이 가 있으면 마음도 몸도 무겁다. 가볍지 않으면 넘어지게 되어 있다.

절 수행을 열심히 하고 있는 젊은 도반이 홀로 삼보일배를 하며 설악산 봉정암에 올라갔을 때의 일이다. 밤이 늦은 시각, 깊은 산중에서 폭설을 만났다. 눈보라 속에 한 치 앞도 보이지 않았다. 때마침 머리에 두르고 있던 헤드라이트도 꺼져 버렸다. 예상치 못한 일 앞에 당연히 두려움이 몰려왔다. 이렇게 죽을 수도 있겠나 생각했을 때, 그가 선택한 것은 한 발자국 한 발자국 앞으로 발걸음을 내딛는 그 순간에만 집중한 것이었다.

무언가 불안하다 싶으면 마음이 현재에 있지 않을 때다. 현재에 깨어 있게 하는 수행이 108배다. 조용히 몸을 움직이며 절을 하다 보면 생각의 흐름이나 몸의 움직임을 관찰하는 습관이 생기게 되는데, 이러한 습관이 쌓이다 보면 현재에 깨어 있게 된다. 지금 하는 일에 집중하게 되는 것이다.

무언가 불안하다 싶으면 마음이 현재에 있지 않을 때다. 지금 하는 일에 집중하라.

박찬호 선수와 108배

젊은 인기 연예인들이 대마초를 피운 혐의로 구속되었다는 보도를 종종 접하게 된다. 왜 한순간 인생을 나락으로 떨어뜨려 버리는 대마초에 손을 댔을까. 언젠가는 인기의 정상에서 내려와야 한다는 두려움 때문일까. 늘 남의 시선을 의식하면서 살아야 하는 데 따른 공허함과 불안감 때문일까. 그런 뉴스를 접할 때마다 안정감을 가지고 정상의 자리에 있을 수는 없는 것일까 생각해 보곤 한다.

인기에 대한 압박감과 불안감은 스포츠 선수들도 마찬가지인 것 같다. 한국 야구 선수 최초로 미국 메이저리그에 진출했고, 2010년에는 메이저리그 통산 124승을 거두어 동양인 최다승부수에 등극했던 박찬호 선수도 예외는 아니었던 것 같다. 최고의 야구 선수라는 칭호와 메이저리그에 진출해서 승수를 올려야 하는 그에게 압박감과 불안감은 당연히 있었을 것이다. 박찬호 선수는 어떻게 그 불안감을 극복했을까?

108배의 힘이 컸다. 그는 미국에서 활동하다가 한국에 올 때마다 새벽 네 시에 일어나 아무도 모르게 숭산 스님이 주석하던 서울 수유리 화계사에서 108배를 올렸다고 한다. 매일 108배를 하고, 잠자기 전에 삼사십 분 정도 참선을 하면서 불안감을 달래며 마음의 근육을 키우자 작은 것 때문에 괴로워할 필요가 있을까 하는 생각이 들었다.

그러면서 자연스레 지난 일에 대한 미련을 버리는 법을 알게 되었다.

그것이 안타, 홈런을 맞아도 상관없다는 생각으로 이어졌다. 그러면서 집중력이 생겼다. 잡다한 생각과 걱정 등의 번뇌를 내려놓으니 오로지 한 가지에 집중할 수 있었던 것이다.

몰입할 때 최상의 상태가 되고 큰 힘이 나온다. 자신이 신경 써서 최선을 다해야 할 것은 오로지 이 공 하나다. 안타든 승패든 그것에 얽매이지 않고 지금 이 시점에 최선을 다하는 것이 가장 중요하다는 진리를 깨달았다. 다음은 그즈음 그가 일간지 기자에게 보낸 편지 내용이다.

"나의 영원한 목표는 최고의 1구를 던지는 것이다. 나의 목표는 삼진도 아니고 승리도 아니며 20승도 아니고 비록 공 하나지만 1구 1구에 집중하는 것이다."

절을 통해 집중력이 증진되고 승패에 연연하는 마음을 내려놓을 수 있었던 그는 인생에서 가장 중요한 것이 '지금 여기'에서 자신이 마주한 일에 집중, 최선을 다하는 것임을 터득한 것이다.

명상은 나를 돌아보게 하는 세밀한 도구다. 마음이 편해야 몸도 편하고 몸과 마음이 편안해야 자신감도 커진다. 이 모든 것을 충족시켜 주는 것이 108배다. 불안감은 현재에 마음을 집중하지 못할 때 일어난다. 108배를 해 보면 절을 하는 행위에 집중하게 된다. 처음엔 온갖 생각들이 올라와 머릿속이 복잡하지만 시간이 흐를수록 절하는 행위만 남게 된다. 더욱이 3천 배를 하게 되면 몸이 너무 힘들어져서 복잡한 생각이 떠오를 틈이 없다. 몸을 수없이 움직인 데 따른 정화의 힘이기도 하다.

생각이 많은 것이 번뇌다. 번뇌는 의욕을 꺾는다. 집중해야 어떤 일을 이룰 수 있는데, 번뇌가 그 힘을 분산시키기 때문이다. 불안해서 아무것도 손에 잡히지 않을 때, 새로운 일을 시작할 때, 지금의 나로부터 벗어나 확실한 변화를 이루고 싶을 때 3천 배를 해 보라고 권하고 싶다. 자신을 극복하는 그 힘겨운 행위를 통해서 반드시 무엇이든 할 수 있겠다는 자신감을 얻기 때문이다.

번뇌는 마음을 하나로 모을 때 저절로 사라진다. 108번의 절은 번뇌를 끊는 의식이 아니라 깊은 삼매 속으로 이끄는 방편이다. 매일매일 108배의 정진을 통해 삼매 속으로 들어갈 때 모든 번뇌가 사라진다. 하물며 3천 배는 어떠하겠는가.

그 옛날 천하장사가 천하를 다 들었다 놓아도 티끌 하나 겨자씨보다 더 작은 그 마음 하나는 끝내 들지도 놓지도 못했다는 말이 있다. 번뇌를 내려놓았을 때 무엇이든 이룰 수 있다.

물리학도 청년의 3천 배

고등학교 때부터 108배를 해 오면서 자신의 삶을 변화시킨 젊은이가 있다. 내가 아는 젊은이 중 절 수행을 해서 가장 강력하게 변화의 최고점을 찍은 사람이다. 물리학도였던 그(김원묘, 33세)를 처음 만난 것은 김천 수도암 새벽 예불에서였다. 단행본 출간을 앞두고 원고를 정리하면서 매일 새벽 예불에 참석하고 있었는데, 그는 그때마다 예불에 상관없이 맨 앞자리에서 절을 하고 있었다. 휴학을 하고 백 일 작정으로 하루 3천 배를 하고 있다고 했다.

세상에, 학생이 그것도 며칠 동안도 아니고 백 일 동안 3천 배를 하겠다니. 그가 왜 휴학을 하고 어떤 변화를 바라며 3천 배를 하는지 알 수 없었지만, 나는 무조건 그에게 감동했고 그 뚝심 하나만으로도 앞으로 어떤 일을 하든 성공할 거라 믿었다. 보름 정도 머무는 동안 나는 그가 조용히 절하는 모습만 보았고, 마음속에 훌륭한 젊은이의 인상이 새겨졌다.

그를 다시 만난 건 108배에 대한 글을 써야겠다고 마음먹은 3년 전이다. 그렇게 열심히 절을 한 그가 어떻게 변했을지 궁금했다. 다니던 대학을 자퇴하고 군대에 가서도 매일 절을 했다는 이야기를 전해 듣던 차였다.

그런데 그를 만나고 정말 깜짝 놀랐다. 예전에 보았던 그가 아니었다. 제대하고 복학하기 전에 영화 촬영장에서 아르바이트를 하고 있다는 그가 얼마나 핸섬해졌는지, 입을 다물 수가 없었다. 180센티가 넘는 키에, 전체적으로 어둡고 무겁게 느껴졌던 인상이 사랑스러운 느낌마저 들 정도로 경쾌해 보였다. 작고 날카롭게 보였던 눈은 갸름한 관세음보살 눈을 보는 것처럼 깊고 안정적이었다.

어머, 저렇게 잘생겼었나, 하는 생각을 감추지 못하고 "너무 멋있어졌다."고 했더니, 씩 웃으면서 사람들이 다 그렇게 얘기한다고 했다. 만나는 동안 내내 잘 웃던 그와 편하게 절을 하게 된 동기와 효과 등을 얘기했다.

그는 고3 때 가출을 했던 이야기로 말문을 열었다. 한창 시험공부를 하고 있던 어느 날 저녁이었다. 부모님의 불화로 인해 마음의 상처가 컸던 그가 "도저히 이렇게 사는 건 아닌 것 같다."고 어머니에게 불만을 토로했다. 어머니는 받아 주지 않았다. 조용히 공부를 하거나 그게 싫으면 집을 나가라고 했다.

'아, 집을 나가는 방법도 있었구나.'

숨통이 확 트이는 것 같았다. 바로 그날 밤 경상도에 있는 집을 나왔다. 친구에게 차비를 빌려 서울로 왔다. 서울 역 근처, 집을 나온 청소년들을 돌보아 주는 곳을 찾아갔더니, 그곳에 있던 목사님이 충고했다. 그래도 네가 어디에 있는지는 부모님께 말씀드려 놓는 게 도리 아니겠느냐고. 그 말씀을 듣고 어머니에게 잘 있으니 염려하지 말라는 전화를 했더니, 바로 몇 시간 만에 어머니가 달려왔다. 집으로 가자는 어머니께 안 가겠다고 버텼더니, 어머니께서 하시는 말씀이 이랬다.

"그래 다 좋다. 엄마 소원 하나만 들어다오."

그래서 만난 사람이 지리산 선림사 보우 법사님이다. 보자마자 자비한 관세음보살 같은 큰어머니를 만난 듯했고, 법사님의 지도로 절을 하기 시작했다.

돌덩이처럼 가슴을 짓누르던 어떤 딱딱한 것이 차츰 사라지는 것을 느꼈다. 닿기만 해도 쓰라렸던 상처가 줄어드는 것 같았다. 자신이 지닌 아품이 꼭 부모님 때문에 생긴 것이 아니라, 기억할 수조차 없이 먼 시간부터 있어 왔다는 것도 깨닫기 시작했다. 절을 할수록 자신의 업장이 가벼워질 것 같다는 확신이 들었다.

108배부터 시작해서 시간만 나면 3천 배를 했고, 군대에 가기 전에도 3천 배를 백 일 동안 했다. 그뿐 아니다. 군대에 가서도 상관에게 얘기해서 매일 3백 배를 할 수 있도록 부탁해서 꾸준히 절을 했다. 그리고 군대에 있는 동안 전공을 바꾸었다. 평소에 공부하고 싶었던 영화를 배우기 위해 들어가기 어렵다는 한국예술종합대학에 시험을 쳐서 합격했다.

"7년 정도 절을 하니까 고통의 긴 어두운 터널에서 빠져나온 느낌이 들었습니다."

7년 동안 만들어진 108배, 3천 배 습관이 그의 운명을 바꾸어 놓았던 것이다.

뇌과학자 모기 겐이치로(茂木健一郎)는 "인간의 뇌는 어떤 행동을 취했을 때 도파민이 분비되었는지 세세하게 기억해서, 모든 일에 그 쾌감을 재현하려고 한다."고 했다. 이처럼 그에게 3천 배를 하고 나서 느꼈던 그 쾌감을 삶의 매 순간 다른 일에서도 재현하게 되는 습관이 만들어진 것이다. 몰입이 주는 쾌감과 지족감을 자신의 일에도 적용하게 된 것이다.

3천 배를 오래 한 사람은 삶의 매 순간을 낭비하지 않는다. 일시적인 편안과 게으름에 안주하지 않고 바른 삶에 정진할 수 있는 힘을 3천 배를 통해 익혔기 때문이다.

법륜 스님,
젊은이들에게 108배를 권하다

젊은이들과 누구보다 활발하게 소통하고 있는 법륜 스님의 108배에 대한 생각이 궁금했다. 지난해 5월에 청년, 대학생 정토불교대학 입학생들을 위한 즉문즉설 강연 뒤, 질문이 쏟아졌는데 그 가운데 하나가 '왜 108배를 하는가'에 대한 것이었다. 특강 수련프로그램 중 108배를 해 보는 시간이 있었던 터라, 처음 절을 해 보는 젊은이들은 도대체 왜 절을 그렇게 많이 (?) 해야 하는지 궁금했던 것이다.

스님의 말씀을 요약해 보면, 절을 하는 가장 중요한 이유는 우선 내가 옳다고 하는 몸에 밴 아상을 내려놓게 되고, 동시에 마음에 밴 아상도 내려놓게 되어서 번뇌로 인한 스트레스를 없앨 수 있다는 것이다. 스트레스의 대부분은 내가 옳다는 생각에서 비롯되는데, 108배 자체에 '내가 잘못했구나' 하는 참회의 동작이 들어 있기 때문에 절을 하면 저절로 스트레스를 해소할 수 있다는 것이다. 몸과 마음이 하나임을 증명하는 예를 들면서 108배를 설명하는 스님의 말씀이 흥미롭다.

내가 잘못했다고 여길 때 절을 하게 된다

"몸과 마음은 밀접한 관계가 있습니다. 내가 옳다는 생각이 강할수록 고개를 쳐들고 눈을 부릅뜹니다. 이게 우리 몸에 나타나는 현상이지요. 내가 생각을 잘못했다, 이런 생각이 들면 부릅떴던 눈이 약간 내리 감기고, 쳐들었던 고개가 약간 숙여져요. 그러면서 미안합니다, 하게 됩니다. 더 잘못했다 싶으면 허리를 굽히고, 그보다 더 잘못했다 싶으면 무릎을 꿇고 이마를 땅에 댑니다.

억지로가 아닌 자발적으로 '아, 내가 잘못했구나, 내가 몰랐구나.' 이렇게 생각하고 절을 하면 몸과 마음에 있던 스트레스가 사라집니다. 억지로 하는 것은 굴복이어서 저항을 하거나 복수를 하게 됩니다. 국가도 그렇고 개인도 그렇습니다. 그러므로 절을 하는 것은 '제가 부족합니다. 제가 잘못 알았습니다.' 하고 참회하는 마음의 표현입니다."

몸을 숙이다 보면 마음도 같이 숙여져서 저절로 참회가 되고, 참회가 되다 보니 육체적으로나 정신적으로 굉장히 맑아진다는 것이다. 스트레스의 주범은 번뇌고, 번뇌의 가장 큰 주범은 내가 옳다는 편견이다. 몸을 숙여 절을 하다 보면 마음이 차분해지면서 그러한 자신의 허물이 선명히 보인다. 맑아지기 때문이다.

청춘의 시기는 번뇌가 가장 치성할 때다. 그 시기를 지나면서 성숙해지는 게 청춘의 특권이기도 하지만, 오래 번뇌에 머물러 있으면 마음이 어두워져 바른 판단을 할 수 없고 많은 것을 놓치게 된다. 마음이 복잡해서 어떤 일을 판단하기 어려울 때, 몸이 찌뿌둥할 때 절을 해 보면 몸과 마음이 환히 펴지는 것을 느낄 수 있다.

법륜 스님은 고집이 세고 자기주장이 강한 사람들에게 108배를 권하며 이렇게 말한다.

"오늘부터 절하세요. 제가 틀렸네요, 잘못했네요, 하는 마음이 들면 어떤 사람도 고개를 쳐들고 내가 잘했다고 하는 사람은 없어요. 몸은 마음을 따라 움직이는데, 목에 힘을 준다는 것은 자기 잘났다는 말이고, 고개를 떨구고 허리를 굽히는 것은 자기가 잘못했다는 말입니다. 그래서 절하라고 하는 겁니다.

내 생각이 옳고 객관적이라는 생각을 놓아야 합니다. 그 생각을 가지고 있으면 주위 사람들도 상처를 입고 본인에게도 피해가 옵니다. 나는 옳고 세상 사람이 그르니까 얼마나 속이 타고 화가 나겠어요? 그러니까 엎드려 절하세요. 절하는 게 목적이 아니라 마음을 굽히는 게 목적이니까 무릎이 아프도록 절을 해야 합니다. 수행이란 내 것이라 할 것과 내가 옳다

청춘의 시기는 번뇌가 가장 치성할 때다. 그 시기를 지나면서 성숙해지는 게 청춘의 특권이기도 하지만, 오래 번뇌에 머물러 있으면 마음이 어두워져 바른 판단을 할 수 없고 많은 것을 놓치게 된다. 마음이 복잡해서 어떤 일을 판단하기 어려울 때, 몸이 찌뿌둥할 때 절을 해 보면 몸과 마음이 환히 퍼지는 것을 느낄 수 있다.

고 할 근본적인 무엇이 없다는 것을 아는 것입니다.

　무아, 무소유, 무아집일 때 우리는 자유로워집니다. 마음이 편해지고 가슴속에 맺혔던 응어리들이 하나씩 풀려요. 우리가 응어리진 가슴으로 사는 것은 변하지 않는 어떤 '나'가 있다고 생각해서 그래요. 칼은 다른 칼에 부딪치면 상처가 생기지만 내가 허공이라면 외부의 어떤 칼이 꽂힌다 해도 상처 입지 않습니다. 그래서 공부를 자기를 비우는 작업이라고 하고, 법(존재)의 실상을 잘 알아서 사는 것을 지혜롭게 산다고 합니다."

　'절'이라는 말은 '꺾을 절折' 자에서 유래되었다고 한다. 몸을 수없이 꺾으면서 아상을 꺾는다는 뜻일 것이다. 아상을 내려놓는다는 것은 내가 옳다는 생각, 나를 앞세우는 생각을 버리는 것을 말한다. 나의 생각은 인연에 따라 생겼다가 사라지는 공한 것이기 때문에, 그래서 실체가 없는 것이기 때문에 나라고 할, 내 것이라고 할 그 어떤 것도 성립이 안 된다는 것을 깨닫고 내려놓는 것을 말한다. 그러므로 절은 자각(알아차림)을 하게 하는 수행이다.

덜 흔들리는 법

　법륜 스님은 또, 일을 꾸준히 하지 못하고 좀 하다가 마는 것을 반복하는 사람은 108배를 백 일, 천 일 동안 꾸준히 해 보라고 권했다. 지속적으로 하다 보면 끈기가 형성되어서 덜 흔들리게 된다는 것이다.

"젊은이들의 가장 큰 문제는 재능은 있는데 끈기가 부족한 것이다. 무엇이든 자기 마음에 안 들면 금방 그만둔다. 직장 생활도 그렇고 연애하는 것도 그렇다. 108배를 시켜 보아도 젊은 사람들은 사흘, 혹은 일주일 하다가 그만둔다. 아침에 일어나서 108배를 하고 하루를 시작하는 것을 밥 먹듯이 꾸준히 실천하면, 삶에 흔들림이 없어질 뿐만 아니라 좀 더 자유로워질 수 있다."

끈기가 있어야 실력이 쌓이고, 실력이 쌓일 때 자존감을 찾게 되고 자신도 모르게 용기가 솟는다. 청춘에 자존감과 용기가 없으면 탄력을 잃어 시들한 삶을 살게 된다.

스님은 또 3천 배나 만 배를 하는 것은 극기 훈련도 될 수 있다고 설명했다. 108배는 비교적 수월히 할 수 있지만 3천 배나 만 배를 하려면 힘이 들어서 대부분 중도에 포기하게 되는데, 그 하기 싫은 마음을 이겨 내는 극기 훈련의 하나로 3천 배를 하고 만 배를 한다는 것이다.

해인사 3박 4일의 하계 수련회에서는 1080배를 하는 프로그램이 있다. 대부분 처음 해 보는 절임에도 불구하고 중간에 포기하는 사람들이 드물다. '과연 천 배를 할 수 있을까' 하는 의구심을 가지고 시작하지만 지도하는 스님이 치는 죽비 소리에 맞추어 한 배 한 배 하다 보면 어느새 끝마치게 되는데, 이때 대부분 '내가 이 어려운 일을 해냈다.'는 성취감을 느끼고 무엇이든 할 수 있다는 자신감을 느낀다.

끈기도 습관을 통해 만들어진다. 끈기를 익히는 데 108배, 3천 배만 한 것이 없다. 끈기는 의지와 노력으로 만들어진다. 아마 소설가 조정래 씨처럼 끈기로 글을 쓰는 사람은 드물 것이다. 그는 수십 년 동안 글을 쓰면서 소설이 잘 써지지 않는다고 펜을 놓고 책상에서 일어나 다음 날로 미룬 적이 단 한 번도 없었다고 한다. 소설이 잘 안 될수록 벽 쪽으로 더 붙어 앉으며 기어이 그 고비를 넘고 나서야 책상에서 일어난다는 것이다. 오로지 자기 의지와 노력으로 글을 쓰는 것인데 잘 써지지 않는다고 해서 돌아앉는다는 것은 의지박약이며 자기 패배이기 때문에 절대로 그것을 용납할 수 없다는 것이다.

그러한 끈기로 『태백산맥』과 『아리랑』을 썼고, 그 결과 세계적인 작가로 우뚝 섰다. 저렇듯 누구나 자신이 하는 일에 끈기를 가지고 초인적인 힘을 발휘할 수 있다면 얼마나 좋겠냐만 아무나 흉내 낼 수 없을 일이다. 그래서 평범한 사람들은 비범한 연습을 통해 현실에 응용한다.

그 비범한 연습이 곧 3천 배다. 3천 배를 하는 것 자체가 절대로 뒤로 물러서지 않는 연습이다. 많은 사람들이 7~8시간 걸리는 3천 배를 하면서 끈기를 키우고 자신과의 약속에서 물러나지 않는 습관을 들이는 것이며, 매일 하는 108배를 통해서 끈기와 인내를 연습하는 것이다.

최적의 홈트, 108배

법륜 스님은 108배를 하면 건강에도 좋다고 말씀했다. 등산을 할 때 다리가 아프다고 하는 젊은이가 있으면 '너, 108배 안 하지?' 하고 물으면 거의 백 퍼센트 맞는다는 것이다. 매일 108배를 하는 사람은 1천 미터 높이의 산을 다섯 시간 정도 등산하는 데 아무 이상이 없다고 강조하면서, 종교와 상관없이 아침에 일어나서 108배만 해도 전신운동이 된다고 했다.

젊은이들에게 108배는 운동을 습관화하는 데 도움이 된다. 얼핏 보면 절을 하는 동작이 단순한 운동 같아 보이지만 목과 골반, 허리에 이르기까지 전신의 근육을 조화롭게 사용하게 해 준다. 머리에서 다리까지 모든 근육을 골고루 사용하기 때문에 근육을 발달시키는 데 좋은 운동이다. 합장하는 자세만으로도 척추를 바로 세우고 어깨 근육을 이완시키는 역할을 한다.

건강에 도움이 되려면 일주일에 세 번 이상, 한 번에 20분 이상 운동을 해야 하는데, 이를 실천하는 사람은 열에 한 사람 정도라고 한다. 시간과 장소에 제약을 받기 마련이고, 규칙적인 운동을 하려고 하면 헬스클럽에 등록을 해야 하는데 비용 또한 만만찮다. 절은 몸을 움직일 수 있는 작은 공간과 방석만 있으면 된다는 점에서 경제적이다.

자연 성형, 108배

108배는 얼굴도 예뻐지게 한다. 요즘 젊은이들은 남녀를 불문하고 성형수술을 당연시하는 것 같은데, 108배는 그것과는 비교할 수 없을 정도로 큰 효과가 있다.

절을 하는데, 왜 얼굴이 예뻐질까? 법륜 스님의 말씀처럼 몸과 마음이 정화되어 스트레스가 해소되니 예뻐지지 않을 수 없다. 스트레스가 만병의 근원이라고 하지 않는가. 또 운동 효과가 있어서 땀을 흠뻑 흘리고 나면 피부가 매끈해지는 것을 느낄 수 있다. 108배를 하는 데 걸리는 시간이 평균 15분가량인데, 그때 소비되는 칼로리가 남자는 144kcal, 여자는 100kcal로 같은 시간 대비 빠른 걷기와 수영, 테니스를 하는 효과와 같다고 한다.

더운 여름에 절을 하면 금세 얼굴은 물론 온몸에서 땀이 나기 시작한다. 피부의 노폐물이 땀과 함께 빠져나가는 것이다. 108번이나 일어났다 엎드렸다, 허리를 접었다 폈다 하니 하체의 근육이 발달하고 복근이 단단해지지 않을 수 없다. 기와 혈액순환이 원활해지기 때문에 얼굴색이 밝아지고 체중 조절이 되어 다이어트 효과도 있다. 피부색이 맑아지고 표정도 밝아지니 외모가 건강하고 아름답게 변화하는 것이다.

108배는 이렇게 예뻐지는 기적을 낳는다. 오죽하면 절을 하는 사람들을 곁에서 보아 온 스님들이 '절을 하면 다 자연 미인이 된다.'고 말씀하겠는가. 매일 108배를 해서 악성 루머로 시달리던 마음을 달래고 몸매도 가꾸었다는 배우 고소영 씨의 이야기가 전파를 타자, 젊은 여성들에게 108배에 대한 관심을 불러일으키기도 했다. 예뻐지기 위해 성형을 염두에 두고 있거나 매끈한 몸매를 가지고 싶은 젊은이들, 꼭 108배를 시도해 보기 바란다.

뇌를 바꾸는 108배

 뇌과학자 모기 겐이치로는 학습에 의해 뇌의 시냅스 연결이 바뀌어야 지금까지와는 다른 자신이 된다는 이론을 정립했는데, 학습을 하는 효과적인 방법 세 가지로 속도와 분량, 몰입을 들고 있다. 처음 속도 면에서는 작업의 스피드를 극한까지 끌어올릴 것, 분량 면에서는 무조건 압도적인 작업량을 해치울 것, 몰입 면에서는 주변의 잡음이 들리지 않을 정도로 열중할 것을 주장했다.

 3천 배는 그가 말한 속도, 분량, 몰입 세 가지를 모두 충족시켜 주는 학습이다. 108배를 하는 데 필요한 시간은 15분 정도, 3천 배를 하는 데는 7~8시간이 소요된다. 속도를 극한까지 끌어올리고 압도적인 분량 면에서 3천 배는 최고의 방편이다. 그것도 21일, 백 일, 십 년 동안 꾸준히 한다면 그 작업량은 엄청날 수밖에 없다.

　몰입 면에서도 3천 배만 한 것이 없다. 7~8시간 3천 배를 하다 보면 정말이지 아무것도 보이지도 들리지도 않는다. 오로지 '절' 하나만 남게 된다. 최고로 몰입할 수 있는 방편이다. 또 극단적인 고통을 통해 내면을 관조하는 힘이 커진다.

백 일의 기적

독일의 심리학자 에빙하우스의 망각곡선에 의하면 학습 후 십 분이 지나면 망각이 시작된다고 한다. 그리고 한 시간 뒤에는 50%, 하루가 지나면 70%, 한 달 후에는 80%를 잊게 되는데, 이러한 망각곡선으로부터 기억을 지켜 내기 위한 가장 효과적인 방법은 반복이라고 한다.

　기억에는 운동성 기억과 인지성 기억이 있는데, 운동성 기억은 몸으로 익히는 것으로 잘 잊어버리지 않는다고 한다. 자전거 타기나 수영 등은 한 번 배우고 나면 오랫동안 하지 않아도 금세 힘들이지 않고 이전처럼 잘할 수 있지만, 지식으로 습득한 수학 공식이나 영어 단어는 에빙하우스의 망각이론이 그대로 적용된다고 한다.

　왜 몸이 기억할까? 우리의 몸은 언제나 지금 여기에 있지만, 우리의 생각은 과거와 미래를 마음대로 넘나들며 잠시 머물렀다 떠나고 다시 돌아오기 때문이다. 즉 몸으로 익힌 운동성 기억은 우리 몸을 떠나지 않고 몸속에 머물러 있다. 그러나 인지성 기억은 자유롭기 때문에 한 번 뇌에 새겨진 기억이라고 해도 방치하면 잊히게 된다.

어떤 일이든 계속하지 않으면 힘이 생기지 않는다. 힘이 없으니 계속할 수 없는 것은 당연지사다. 기도를 할 때 보통 21일이나 백 일을 정해 놓고 하는데, 왜 그 많은 숫자를 놔두고 21일, 백 일을 하는 걸까.

보통 사람의 뇌에 새로운 회로가 만들어지는 데 3주(21일) 정도의 시간이 소요된다는 것이 행동과학자들의 이론이다. 대뇌피질에 있던 생각이 뇌간까지 가는 데 소요되는 최소한의 시간이 21일이라는 것이다. 즉 21일은 뇌에 새로운 회로가 만들어지는 시간을 말한다. 다시 말하면 새로운 습관이 몸에 배고 정착하는 데 3주 정도가 걸리는 것이다. 그런데 21일 동안 새로운 회로는 만들어지지만 조금이라도 충격을 주면 회로가 끊어지는 불완전한 단계라고 한다. 그래서 이 단계를 견디고 넘어서야 새로운 습관의 회로가 정착된다는 것이다.

그러면 새로운 습관이 확실하게 형성되기까지는 어느 정도의 시간이 필요한 걸까? 『하루 1분 학습법』의 저자 키시모토 히로시에 의하면 어떠한 행동을 무의식적으로 반복하게 되기까지 대뇌 세포에 동일한 자극이나 흥분이 3개월 동안 매일 100회 정도는 주어져야 한다고 한다. 대뇌 세포에 뻗어 있는 수상돌기가 자극이나 흥분에 의해 다른 뇌세포와 연결되고 축색 주변의 수초라는 지방막까지 퍼지는 데 3개월 정도 걸리기 때문

습관이란 무엇인가. 오래 익혀 온 나의 행위이다. 불교식으로 말하자면 몸과 입과 마음으로 익혀 온 실천 행동인 것이다. 내가 길들인 습관이 어떤 것인가 살펴보는 것은 자기를 바로 보는 일이다. 이른바 자아 성찰이다.

이다. 이렇게 해서 새로운 세포의 네트워크가 형성되면 특별한 행동을 하지 않아도 쉽게 어떤 행동을 하게 된다고 한다.

그러니까 동일한 행동을 적어도 3개월 동안 매일 100회는 반복해야 새로운 습관이 형성되기 때문에 백 일을 정해 놓고 기도를 하는 것이다.

반복된 행동 패턴이 습관을 만든다. 그 습관이 나를 만드니, 습관이 곧 나다. 새로운 습관을 만들려면 이미 중력을 형성한 낡은 습관을 벗어나 새로운 행동 패턴을 만들어야 한다. 좋은 습관은 삶의 모든 면에서 힘을 발휘한다.

습관이란 무엇인가. 오래 익혀 온 나의 행위이다. 불교식으로 말하자면 몸과 입과 마음으로 익혀 온 실천 행동인 것이다. 업이 나의 운명을 이끌고 습관을 바꾸면 운명이 바뀐다. 내가 길들인 습관이 어떤 것인가 살펴보는 것은 자기를 바로 보는 일이다. 이른바 자아 성찰이다. 매일 하는 108배는 자기를 성찰하는 좋은 습관이다. 좋은 습관이 자신을 만들고 운명을 바꾼다.

좋은 습관으로 만들어진 마음의 의지처, 108배

•

홍콩에서 국제 변호사로 왕성하게 활동하고 있는 내 도반의 딸은 초등학교 저학년 때 엄마를 따라 절에 다니면서 어른들 틈에 끼어 108배를 하기 시작했다. 어렸을 때부터 108배를 좋은 습관으로 만들었던 그녀는 최근까지 꾸준히 집중해서 108배를 해 오면서 마음을 다지고 또 다지며 견고한 신념을 얻었다.

절을 할 때는 온 마음을 집중해서 자신이 진실로 원하는 일이 무엇인지 물었고, 자신보다 더 아끼는 존재들을 생각하고 또 생각했다고 한다. 그러다 보니 그녀에게 108배는 힘들 때 의지하는 것이 되었다.

중학교 때 영국에서 유학 생활을 시작해 미국과 홍콩에서 변호사 시험에 합격, 젊은 나이에 국제 변호사로서 활동하면서 겪었던 수많은 크고 작은 어려움들을 극복하는 데 108배는 좋은 의지처 역할을 했다. 정말 힘들거나 자신에게 확신이 없을 때, 그리고 실패했을 때 108배를 했다.

고등학교 때 재시험을 보게 되자 돌아갈 곳이 없다 싶어 울기도 했고, 자신이 가는 방향이 맞나 싶어 끊임없이 회의가 들 때도, 앞날이 두려울 때도 있었다. 그럴 때마다 108배로 마음의 안정을 얻었다. 108배를 하는 시간은 자신이 원하는 것이 무엇인지, 얼마나 간절히 원하고 있는지를 묻고 또 묻는 과정이었다. 몸은 한 배를 해도 그 사이 마음에서는 수천 번 반복되는 질문과 잘하겠다는 다짐의 시간들이었다. 그렇게 마지막 다짐을 하고 나면 스스로 확신을 얻고 다시 일어나서 도전했다.

108배를 꾸준히 한 결과 지금은 어떤 일을 하는 데 겁이 난다거나 실패하거나 해도 예전처럼 흔들리지 않는다. 어떤 어려움이 닥쳐도 '지난번에는 더했는데 뭐. 그럴 때 눈물 콧물 범벅이 되어 이불 호청을 깔아 놓고

108배를 하지 않았던가.' 하고 위로하며 하던 일을 마저 끝냈다. 현실을 극복하는 내공을 키워 마음이 단단해진 것이 108배를 통해 얻은 가장 큰 변화다.

그녀에게 108배는 문제의식을 가지고 접근한 화두 수행이었던 셈이다. 집중과 지속이 이뤄지지 않으면 진정한 수행이라 할 수 없다. 그녀는 108배를 지속적으로 하면서 '나는 무엇인가, 내가 하는 일에 진정 확신을 가지고 있는가.'를 묻고 잘 해내겠다는 답을 내리는 것에 집중했으니, 그 집중과 간절함이 오늘날의 그녀를 만든 것이다.

문답이 자기를 향하면 화두가 된다. 그러한 화두는 냉철하게 문제를 분석하고 해결책을 집중적으로 생각하는 힘을 길러 준다. 그녀는 108배를 통해 화두를 들고 있었던 것이다.

"초등학교 때 새벽 네 시에 일어나 엄마와 불공을 드리러 절에 다닌 적이 있어요. 매일 108배를 하면서 정화되는 느낌을 받았는데, 영국 유학 시절에도 그랬고, 지금도 힘든 일이 있을 때는 108배를 하면서 몸과 마음을 다스립니다. 정신적인 지주가 있다는 게 얼마나 다행인지 몰라요.

어려서부터 사람들 앞에서 말을 하거나 친구들이 모르는 것을 차근차근 설명해 주는 것을 좋아했어요. 그리고 평소 내가 무엇을 하고 싶은지 많이 생각했는데, 초등학교 4학년 때쯤 변호사가 적성에 맞겠구나 생각했고 유학을 꿈꾸었죠. 엄마를 따라간 절에서 절을 하면서 유학을 꿈꾸었고 변호사가 되기를 기도했죠. 그것을 통해 간절히 원하면 나에게 가장 좋은 목적지로 데려다주는, 마음껏 비빌 수 있는 부처님이라는 언덕이 존재한다는 것을 느꼈는데, 108배는 그것을 깨닫게 해 준 첫 만남이었던 것 같아요.

108배는 모든 것을 비운 진공상태에서 진행되는 내 마음을 들여다보는 나만의 시간이었어요. 누구, 무엇, 어디에 가려 잃어버렸던 자아를 다시 되찾는 고마운 과정이었죠. 나만의 시간을 가지고 자신의 마음을 들여다보는 108배는 정신 건강에 유익하다는 생각이 들어서 다른 젊은이들에게도 권하고 싶어요."

불교의 까르마(업)를 믿기 때문에 행동이나 생각 자체를 바르게 하려고 하는데, 그런 면에서 늘 사고와 행동을 올바르게 해야 하는 변호사라는 직업이 만족스럽다는 그녀. 108배라는 좋은 습관을 삶의 의지처로 해서 큰 힘을 얻고 있는 그녀가 앞으로 세상을 향해 어떤 힘을 발휘하면서 살지 기대하는 바가 크다.

108배 초보자를 위한 팁

"절을 하고 싶은데, 어디서부터 어떻게 시작해야 할지 모르겠어요."

이런 질문을 하는 분들이 의외로 많다. 초보자들을 위해 절을 제대로 하는 방법에 대해서 아는 대로 간단히 써 볼까 한다.

먼저 108배를 하기 전에 준비해야 할 것이 방석이다. 맨바닥에 절을 하면 무릎에 무리가 가고 아프기 때문에 반드시 방석(좌복)을 준비해야 한다. 집에 있는 방석도 좋고 혹시 집에 적당한 방석이 없으면 하나쯤 장만해 두는 것도 좋다. 오래전, 남편과 매일 절을 하기로 약속하고 조계사 근처에서 방석 두 개를 사 가지고 오던 날의 그 설레던 마음을 잊을 수 없다. 남편은 방석을 사다 놓고도 몇 년이 지나서야 절을 하기 시작했지만, 그렇게 좌복을 하나 사다 놓는 것도 마음을 다지는 데 좋은 방법이다.

얼마 전, 내 친구는 백 일 동안의 절 기도를 끝낸 기념으로 예비 사위와 딸에게 좌복을 선물했다. 언젠가는 절을 했으면 좋겠다는 염원이 담긴 방석이었을 것이다. 절에서는 방석을 좌복이라고 부른다. 말 그대로 앉아 있을 때 입는 옷이라는 뜻이다. 그래서 방석을 함부로 하지 않는다. 발로 민다든가 밟지 않는 게 예법이다.

그리고 절을 할 때 입는 옷은 몸에 꽉 끼이지 않는 면으로 된 편한 것이 좋다. 요즘엔 절하기에 좋은 옷들이 많이 나와 있다. 통이 넓고 통풍이 잘 되는 편한 바지나 면으로 된 티셔츠들도 많다.

절을 하기 전에 또 하나 권하고 싶은 것은 간단한 스트레칭이다. 나는 절을 하기 전 초등학교 때 배운 국민 체조로 몸을 푸는데 상당히 효과적이다. 인터넷에 들어가 보면 구령 소리와 함께 자세한 동작이 올라와 있어 쉽게 따라할 수 있다. 간단한 요가 몇 동작으로 몸을 풀어도 좋다.

무슨 생각을 하면서 절을 해야 하나

절 수행도 다른 수행과 마찬가지로 마음을 텅 비워야 에너지를 내면에 쌓고 자신을 직면할 수 있다. 비우는 방법은 먼저 일념, 즉 하나에 마음을 모으는 것이다. 나중에 그 하나조차 없어지는 것이 무념인데, 이 무념의 경지에 들어갈 수 있어야 수행의 효과를 볼 수 있다.

초보자들은 절을 하는 동작 하나하나에 집중하면서 하라고 권하고 싶다. 동작에 집중하다 보면 머릿속을 가득 메우고 있던 잡생각들이 저절로 사라진다. 또는 숫자나 호흡에 집중하는 것도 좋은 방법이다. 그러나 이 모두가 처음인 사람들에겐 생각처럼 쉽지가 않다. 초기엔 잘 안되어도 자꾸 되풀이하는 방법밖엔 없다.

성철 스님의 문하에서 절을 배운 분들은 「108대참회문」을 읽으면서 절을 한다. 제목에서 알 수 있듯 참회의 내용이 담겨 있다. 입으로는 「108대참회문」을 외우며 머리로는 부처님을 생각하고 또 머리와 몸을 숙여 몸으로 참회하며 내용을 음미하면서 절을 하다 보면 자신을 수없이 돌아보게 되고 금방 시간이 지나가 지루하지 않아서 좋다.

내 경우는 '아미타불'을 소리 내어 부르거나 속으로 생각하면서 하기도 하고, 간단한 경전을 외우면서 하기도 한다. 몇 해 전부터는 주로 명상 음악을 배경으로 죽비 소리와 함께 흘러나오는 덕현 스님의 내레이션(108개)에 집중하면서 절을 한다. 맑고 진심 어린 음성에 실려 나오는 첫 구절, '진실하게 살아왔는가'는 매일 들어도 가슴이 덜컥 내려앉을 만큼 깊이 다가온다.

틀에 정해진 것이 없으니 스스로 잡생각을 내지 않을 방법을 찾으면 된다. 친정어머니가 돌아가셨을 때는 『지장경』을 읽으면서 백 일 동안 기도를 했는데, 『지장경』 속에 있는 부처님들, 보살님들, 또 자신을 돌아볼 수 있는 구절을 하나하나 부르며 절을 했다. 참회하며 어머니를 위한 기도를 하는 데 많은 도움이 되었다.

　자신이 간절히 원하는 것 한 가지를 마음속에 그리며 하는 것도 좋다. 하다 보면 원하는 것을 이루기 위한 길이 보이는 것을 경험하게 된다. 마음공부를 통해 부처님을 만나고, 수행을 삶의 최우선으로 삼고 있는 방송작가 노희경 씨는 매일 108배를 마친 뒤 여섯 번의 절을 더한다고 한다. "그저 배우겠습니다."를 외며 세 번 더하고, "더는 바라지 않겠습니다." 하면서 세 번의 절을 한다고 한다. 기아와 질병, 문맹이 없는 세상을 꿈꾸고 세상을 위해 잘 쓰이는 사람이 되고 싶어 하는 그녀의 108배도 이처럼 어떤 틀에 갇혀 있지 않는 것이다.

　불교에 대해 아무것도 알지 못하던 어떤 분은 누구를 향해 무슨 마음으로 절을 해야 할지를 몰라 책상에 돌아가신 부모님 사진을 놓고 부모님을 생각하며 절을 했다고 한다. 건강을 위해 108배를 하고 있는 한 천주교인은 성모마리아상을 앞에 두고 한다는 얘기도 들었다. 가장 좋은 방법은 내가 스스로 찾으려고 노력할 때 나온다.

언제, 어디서 절을 하는 게 좋은가

　정해진 규칙은 없다. 가장 좋은 것은 절을 하는 당사자가 사정에 맞게 정해 놓은 시간과 장소일 것이다. 그러나 추천하고 싶은 시각은 새벽 시간대이다. 새벽 다섯 시에서 여섯 시 사이, 식구들이 깨지 않은 조용한 시간에 108배를 하고 하루를 시작하면 종일 기분이 상쾌하다. 내가 아는 한의사 한 분은 만물이 깨어나는 시간대인 새벽 세 시에 일어나서 집에서 가까운 절 법당에서 1080배를 하고 하루를 시작한다.

아침에 시간을 낼 수 없는 직장인들은 퇴근 후 자기 전에 해도 괜찮다. 그런데 약속이 있어서 늦게 오는 경우, 피곤한 몸으로 절하기가 힘들어 하지 못할 때가 생기는 단점이 있다. 어떤 분은 퇴근 후 집에 오자마자 만사 제쳐 놓고 절부터 하고 다른 일을 한다고 한다.

주부나 학생들은 자유로운 시간을 택해서 하면 된다. 어느 여대생은 아예 조그마한 방석을 가지고 다니면서 시간이 날 때마다 빈 강의실에서 했다는 얘기도 들었다. 혹시 절 근처가 직장인 경우는 점심시간에 잠깐 짬을 내서 해도 좋다. 나는 매일 1080배 백일기도를 할 때, 혹 아침부터 일이 있어 집에서 절을 하지 못하고 나온 경우, 다니다가 절이 눈에 뜨이면 들어가 절을 하곤 했다. 한번은 청주 어느 절에 취재를 나갔다가 약속한 스님이 잠시 출타했다기에 기다리는 시간에 법당에 들어가 절을 했던 기억도 있다.

그리고 절을 어디서 하면 좋으냐고 묻는 분들이 많은데 매일 하려면 집에서 하는 게 아무래도 편리하다. 집에서 가장 쾌적한 공간을 택해 방석을 깔고 하면 된다. 불자라면 가끔은 절에 가서 하면 색다른 경험을 할 수 있다. 절에 자주 가는 나는 새벽 예불을 하고 나서 하는 108배가 가장 좋다. 특히 비구니 스님들이 주석하는 절에 가면 항상 예불이 끝나고 절을 하는 스님들이 있다. 가사장삼을 차려입고 경건하게 절을 하는 모습을 보면 저절로 신심이 돋아 절을 하는 것이 덩달아 즐겁다. 세계 4대 생불로 추앙을 받았던 화계사 조실 숭산 스님은 외국 여행 중 기차 안에서도 절을 하며 평생 매일 해 온 1080배를 거르지 않았다고 한다.

가끔 외국으로 여행을 갈 때 아침에 일어나 호텔에서 하는 108배도 특별하다. 한번은 스위스에 갔을 때 마테호른 봉우리가 멀리 보이는 호텔 거실에 담요를 깔고 친구들과 108배를 했다. 떠오르는 아침의 태양으로 인해 황금빛으로 빛나던 마테호른 봉을 바라보며 그날 천주교인이었던 친구도 함께 절을 한 것이 추억으로 남아 있다.

또 시내에 약속이 있을 경우 주로 조계사 근처에서 사람들을 만나는데, 돌아가는 길에 경복궁 앞 법련사에 들러 일과로 하는 3백 배를 하고 나온다. 새들이 지저귀는 소리가 들리고 밝은 햇살이 흘러들어 오는 넓은 법당에서 절을 하고 잠깐 좌선을 하고 있노라면, 온전한 행복에 젖곤 한다. 법련사에서는 매달 마지막 토요일 오후 여덟 시에서 열한 시까지 1080배를 한다고 한다. 한 달에 한 번쯤은 그렇게 절 수행을 하는 곳을 찾아 동참해 보는 것도 좋다.

휴일이나 휴가 때 템플스테이를 하는 절에 가서 전문가에게 절을 배워 여럿이 함께 해 보는 것도 좋다.

3장 : 습관 성형, 운명 개척

하루 몇 배를 하면 가장 효과가 있을까?

•

마음과 몸의 근육이 단단해지려면 최소한 108배에서 3백 배는 권하고 싶다. 3백 배를 할 경우 보통 속도로 하면 오십 분에서 한 시간 정도 걸리는데, 한 시간 정도 하고 나면 차분해지면서 내면의 변화를 느끼게 된다. 물론 처음 시도하는 사람은 108배에서도 상당한 효과를 느낄 수 있다. 해인사 일타 스님은 아침에 일어나서 108배, 저녁에 자기 전에 108번 염불을 실천해 볼 것을 권하셨다.

절을 다하고 나서는 바로 좌복을 치우지 말고, 10분에서 30분쯤 고요히 좌선을 하면 좋다. 여름에는 절을 하고 나면 땀을 많이 흘리게 되어서 곧바로 샤워를 하는 경우가 많은데, 절을 해서 맑은 기운이 형성되어 있을 때 잠깐이라도 좌선을 하면 절의 효과가 더 높다.

절을 할 때 무엇보다 중요한 것은 정성을 다하는 마음과 집중이다. 언젠가 해인사 법당에서 여든이 넘으신 한 노스님이 삼배를 올리는 모습을 본 적이 있다. 우주의 온 기운을 끌어온 듯 간절하고 진지했다. 숫자를 채우는 데 급급한 108배보다 정성을 다한 노스님의 삼배가 더 힘이 있지 않을까. 인생에서도 정성과 간절함이 전부인 것처럼.

불교가 가르치는 것처럼 모든 것에 정해진 것은 없다. 몸으로 실천하다 보면 자신에게 가장 적합한 방법을 찾게 된다. 다만 자세만은 올바르게 할 것을 권한다.

숫자를 채우는 데 급급한 108배보다 정성을 다한 삼배가 더 힘이 있지 않을까. 인생에서도 정성과 간절함이 전부인 것처럼.

어느 분은 매일 아침 108배를 하고 일기를 쓰면서 몸과 마음의 변화를 관찰했는데, 일 년 뒤 일기장을 보니 자신을 성찰하는 좋은 습관이 형성되었다는 것과 건강이 좋아진 것을 발견할 수 있었다고 한다.

가장 중요한 것은 절하는 횟수보다도 매일 지속하는 것이다. 처음엔 21일 정도 날을 정해 놓고 계속해 보면 성취감을 느끼게 되어서 한 달, 백일, 일 년, 3년 이렇게 날짜를 늘리게 된다. 처음 백 일 정도 매일 빼놓지 않고 하고 나면 나보다 남들이 먼저 변화를 알아챈다.

"무슨 좋은 일 있어요?"

얼굴이 밝아지기 때문이다. 우리집 작은딸의 경우 방학 때 매일 108배를 하고 학교에 갔더니, 너무 예뻐지고 분위기 있어졌다는 소리를 많이 들었다고 한다. 백 일 정도 절을 해 보면 내면이 바뀌고 인생이 변화하는 소리가 들린다.

108배로 108번뇌를 내려놓다

불가에서의 삼배는 불법승佛法僧 삼보에 대한 예경이다. 마음으로 삼보에 귀의하여 부처님의 발에다 머리를 대고 절을 하며 이렇게 생각하는 것이다.

"저의 가장 높은 머리를 불보살님의 가장 낮은 발아래에 바치고 절합니다."

무릎을 꿇고 이마를 바닥에 닿게 하는 정례頂禮를 함으로써 상대에 대한 최대의 예를 표한다. 한편으로는 탐욕과 성냄과 어리석음의 세 가지 나쁜 마음을 끊고 계율과 선정과 지혜를 닦겠다는 발원을 나타내는 것이기도 하다.

간혹 53배의 절을 하기도 하는데, 이는 참회 53불에 대한 경배다. 1천 배는 지금 우리가 살고 있는 현겁의 1천 부처님께 1배씩 절을 올리는 것이며, 3천 배는 과거, 현재, 미래의 3대 겁에 출현하는 3천 부처님께 1배씩을 올리는 예법이다.

우리가 가장 많이 하는 108배는 어디로부터 연유한 것인가? 108번뇌와 관련이 있다. 108이라는 숫자는 108번뇌를 뜻하는데, 어떻게 중생의 번뇌를 108이라는 숫자로 분류한 것일까? 108번뇌는 우리가 가지고 있는 근본적인 번뇌다. 이 번뇌는 육근과 육진이 서로 만날 때 생겨난다. 육근六根은 눈, 귀, 코, 혀, 몸, 뜻(眼耳鼻舌身意), 육진六塵은 색깔, 소리, 향, 맛, 감촉, 법(色聲香味觸法)을 말한다.

저 여섯 가지 뿌리가 여섯 가지 육진을 상대할 때 먼저 좋다(好), 나쁘다(惡), 좋지도 싫지도 않다(平等)는 세 가지 인식 작용을 일으킨다. 그리고 다시 좋은 것은 즐겁게 받아들이고(樂受), 나쁜 것은 괴롭게 받아들이며(苦受), 좋지도 싫지도 않은 것에 대하여는 즐겁지도 괴롭지도 않게 방치하는(捨受) 것이다.

곧 육근과 육진의 하나하나가 부딪칠 때 좋고, 나쁘고, 좋지도 나쁘지도 않고, 괴롭고, 즐겁고, 괴롭고 즐겁지도 않은 여섯 가지 감각이 나타나기 때문에 6×6=36, 즉 서른여섯 가지의 번뇌가 생겨난다. 이 서른여섯 가지의 번뇌를 중생은 과거에도 했고 현재에도 하고 있고 미래에도 할 것이기 때문에 36에 과거·현재·미래의 3을 곱하여 108번뇌가 만들어지는 것이다. 이와 같은 108번뇌가 벌어지고 또 벌어져서 팔만사천 번뇌라는 망상을 이루게 되고, 그 번뇌들이 중생의 마음을 어지럽히기 때문에 그 번뇌에 시달리며 살 수밖에 없는 것이다.

그러므로 108번뇌는 우리의 본래 마음이 아닌 저 여섯 가지의 분별로 인해 생긴 헛된 생각, 즉 망상이다. 순수 불성의 근원적인 마음이 아니라 육근·육진의 분별로 인해 생긴 번뇌 망상이다.

우리의 몸과 마음은 이 108가지 번뇌 속에서 끊임없이 뒤집어지며 흘러내려가는 것이다. 이와 같이 108번뇌와 깊이 결속되어 있는 삶이 중생들의 인생인 것이다. 우리에게 눈과 귀와 코 등 여섯 가지의 감각기관이 있는 한 이 108번뇌는 피할 수 없는 숙명인 것이다.

그렇다면 어떻게 108배가 108번뇌를 소멸하는가?

이에 대한 일타 스님의 답이다.

"이와 같은 108번뇌는 108번의 절을 하는 동안 스스로 순화되어 삼매의 힘으로 변화한다. 번뇌로 흐트러진 마음을 하나로 모아 일심(불성)의 원천으로 거슬러 올라가는 환멸還滅의 시간이 펼쳐지고 있는 것이다. 우리의 마음은 무한한 능력, 영원한 생명력을 지니고 있는데 그 마음이 번뇌를 따라 밖으로 뿔뿔이 흩어질 때는 무능에 빠지고 끝없는 생사 번뇌의 유전 속으로 전락하고 만다. 하지만 번뇌로 끊어진 마음을 하나로 모을 때 삼매의 힘은 다시 되살아나고 원래의 무한 능력이 우리에게서 한 번도 떠나지 않았다는 것을 깨닫게 되는 것이다.

매일매일 108배의 정진을 통해 삼매 속으로 몰입할 때 모든 번뇌가 사라지게 된다. 삼매와 환멸과 성불이 우리가 108배를 하는 까닭임을 분명히 알아야 한다."

번뇌를 내려놓고 때 묻지 않은 마음으로 돌아가는 것이 참회이며 업장 소멸이다. 이것이 108배 수행을 일러 업장 소멸의 지름길이라고 하는 이유다.

4장
치유와 건강의 108배

절 수행 지도자
청견 스님

절 수행의 전설로 회자되고 있는 청견 스님을 만났다. 잘 알려져 있는 것처럼 스님은 삼십여 년 동안 천만 배의 절을 하고 금강경을 11만 번 독경했으며, 절을 하기 위해 찾아오는 사람들과 함께 매주 토요일 열두 시간 철야정진을 수백 회 넘게 진행했다. 그동안 스님이 있는 곳을 찾아 절 지도를 받은 사람들이 십만 명이 넘는다.

생전에 절 수행을 강조하며 수많은 사람의 인생을 바꾸어 놓으셨던 해인사 성철 큰스님 이후로 절 수행에 관한 한 타의 추종을 불허하는 분일 것이다. 두 번째 주와 네 번째 주 일요일에 정기법회가 있다기에 9월 두 번째 주 토요일 새벽 청도행 기차표를 끊었다. 매일 오전 열리는 열한 시 정진에 참석하고 스님을 인터뷰한 다음 일요일 법회에 동참할 예정이었다.

무엇 때문에 그토록 많은 절을 했으며, 스님이 맞은 변화는 무엇이며, 스님의 지도로 인해 몸과 마음을 치유하고 인생을 변화시킨 사람들의 이야기를 듣고 싶었다. 수많은 사람들을 지도하며 얻은 절 수행에 대한 비전도 궁금했다. 청도역에서 스님이 계신 법왕정사로 가는 길은 끝없이 펼쳐지는 크고 작은 능선들로 아름다웠다.

두 번의 인터뷰와 두 시간의 수행, 일요 정진법회 법문을 들으면서 정말 많이 웃었다. 세계 43개국의 수행처를 방문, 정진하면서 인류에게 가장 효율적인 수행이 무엇일까를 고민한 분답게 스님은 시종일관 진지하면서도 유쾌했다.

스님을 뵙고 가장 놀란 것은 스님의 나이다. 오십 대쯤으로 짐작하고 있었는데, 올해 예순여덟이라고 고백하셨다. 2010년, 한 대형 병원에서 측정한 생물학적 나이가 이십 대 초반이었는데, 지금 다시 해 보면 아마 신체 나이가 십 대로 나올 것이 확실하다고 했다. 여태까지의 삶에서 지금이 가장 좋기 때문이라는 것이다.

스님의 유일한 취미는 수행이다. 그러다 보니 24시간 몸과 마음이 깨어 있으면서 법왕정사에서 매달 한 번씩 진행하는 3천 배 수행에서도 죽비를 손수 치고 절하며 동참자들을 이끌고 있다. 매일 빠짐없이 사시 예불 정진을 두 시간씩 하고, 찾아오는 이들에게 일일이 수행법을 알려 주고 점검하며, 몸이 아파 찾아온 사람들이 빨리 나을 수 있도록 도와준다. 뵙고 있는 내내 얼굴에 생기가 가득하고 발걸음이 가벼워 보였다.

무엇 때문에 그토록 많은 절을 했을까

•

스님은 1980년 초, 불행한 일(사고)로 요추와 고관절, 왼쪽 눈과 왼쪽 귀를 다쳐서 걸을 수도 설 수도 앉을 수도 없어 누워 있어야만 하는 상황에 처한 적이 있다. 고관절에서 하루 종일 입이 딱딱 벌어지는 극심한 통증을 느꼈다. 힘이 없어서 아무것도 할 수 없었던 그 고통을 염불삼매와 부처님의 가피로 극복했다.

스님은 육신의 고통을 물리쳐 주신 부처님의 가피에 감사하며 앞으로 3년간은 몸을 바쳐 부처님께 예배 공양을 드리겠다고 결심했다. 그리고 절을 시작했다. 처음 절을 시작할 때는 혼자 서기도 힘들었다. 평소 65킬로그램의 몸무게가 44킬로그램으로 줄어 쇠약해질 대로 쇠약해진 몸으로 다른 사람의 부축을 받지 않으면 108배는커녕 단 한 번의 절도 올릴 수 없는 상황이었다.

첫날은 세 번의 절을 넘기지 못했다. 그래도 포기하지 않았다. 곁의 스님들의 도움을 받으면서 끈질기게 절을 시작한 지 백 일 정도 지났을 때 홀로 108배 정도는 할 수 있게 되었다. 그렇게 간절한 마음으로 정성을 다해 절에 매진하자 조금씩 몸이 회복되기 시작했다. 일 년 정도 시간이 흐르자 홀로 몸을 추스를 수 있는 정도에 이르렀다. 몸이 빠르게 회복되는 것을 느끼게 되었을 때 스님은 하루 3천 배로 횟수를 늘렸다.

스님은 3천 배 천일기도, 일만 배 백일기도 등 초인적인 수행을 하는 과정에서 절을 할 때의 동작과 호흡법이 중요하다는 것을 깨달았다. 몸과 마음에 있던 나쁜 기운이 다 빠져나간 느낌이 든 후 절을 아무리 많이 해도 힘들다는 느낌이 없어졌다. 사고 이전보다 더 건강한 몸을 가지게 되었고, 수십 년이 흐른 지금까지 건강하다. 그리고 수행자가 제일 부자라는 것을 느끼면서 모든 욕심이 사라졌다. 주지라는 명예, 돈 등을 모두 내려놓고 웃으며 단순하게 살게 되었다.

스님은 지옥과도 같았던 병고를 통해 마음과 몸, 병을 끊임없이 꿰뚫어 보면서 많은 것을 알게 되고 극복하게 되었다. 그런 과정에서 자연히 뇌과학과 정신과학, 호르몬, 절 수행 등 건강에 관심이 높아졌다. 그리고 정확한 방법으로 절하는 것이 인류사에 가장 쉽고 빠르고 안전한 치유법이라는 결론을 얻었다.

단지 108배를 했을 뿐인데

•

스님은 한때 경전이나 불교 관련 서적을 읽으면서 불교의 핵심 사상인 연기법에 대해 머리로는 이해가 가는데 마음으로는 확신이 서지 않았다고 한다. 그러나 하루 종일 쉬지 않고 수행을 하자 몸과 마음이 완벽하게 이완되고 기운이 꽉 찬 순간을 체험하게 되었다. 번뇌 망상, 오랜 기억들, 가슴에 쌓인 감정들, 그리고 오욕(재물, 이성, 음식, 명예, 수면에 대한 욕심)이 허

"자신이 본래 부처라는 철저한 믿음의 토대 위에서 절 수행을 해야 합니다. 번뇌 망상이 일어날 때 알아차림과 지켜봄이 번뇌를 없애는 완전한 답입니다. 언제나 자신의 몸과 마음에 집중하여 회광반조하면 되는 것입니다."

공으로 쭉 빠져나가는 것을 느꼈다. 몸이 미세한 가루가 되어 허공으로 흩어지고 다시 모이기를 반복하는 신비한 현상을 경험했는데, 그것을 뚫어지게 바라보다 연기법을 확실히 이해하게 되었다.

"우주 허공의 에너지들은 인연으로 결합하여 생겨나고 다시 때가 되면 변화하여 허공으로 흩어진다. 인연으로 인해 결합된 것들도 고차원 현미경으로 보면 다 떨어져 있다. 텅텅 비어 있다. 물질도 마음도 본래 텅 비어 있는 것이다. 그러므로 인연법이 공이요 공은 무아이며 무아는 순수의식, 참마음, 참불성이다."

이렇게 깨닫고 나자 가슴속에 쌓여 있던 답답함이 모두 빠져나갔다. 늘 체한 듯 명치가 뻐근하던 느낌도 사라졌다. 날아갈 듯 기운이 폭발하는 느낌과 함께 참행복, 자유, 평화가 무엇인지 알게 되었다.

그 결과 사람들에게 매일 절 교육과 점검을 해 주고 매주 법회를 열었다. 또한 매달 3천 배, 108배 만 일 수행 결사를 하고, 2박 3일 만 배 기도에 십만 명 이상이 동참했다. 신문과 방송 매체에 소개되어 유명세도 탔다. 절이 기적의 건강법으로 소개되면서 스트레스 해소와 병을 고치기 위해 많은 사람들이 찾아왔다. 다이어트, 불면증, 공황장애 등을 치유하려는 사람들이 절 수행을 배우고 많은 효과를 보았다.

"자신이 본래 부처라는 철저한 믿음의 토대 위에서 절 수행을 해야 합니다. 번뇌 망상이 일어날 때 알아차림과 지켜봄이 번뇌를 없애는 완전한 답입니다. 언제나 자신의 몸과 마음에 집중하여 회광반조하면 되는 것입니다."

　지금, 스님은 전 세계인들이 절 수행을 통해 깨달음을 얻고 건강과 행복을 찾기를 발원하고 있다. 해서, 미국 서부 명상의 도시 세도나에서 108명과 함께 만 배 정진을 할 계획이다. 잠을 자지 않고 묵언과 단식을 하며 2박 3일 동안 만 배를 하면서 절하기 전과 후를 의학적으로 체크해 절 수행이 인류를 위해 얼마나 좋은 건강법인가를 확실히 증명해 알리고 싶기 때문이다. 언제 이뤄질지 모르지만 나도 그 수행에 동참하기로 예약하고 돌아왔다.

올바르게 절하는 법

청견 스님이 절 수행에서 가장 중요시 여기는 것은 자세다. 첫 단추가 잘못 꿰어지면 나머지가 모두 흐트러지듯 자세가 바르지 않으면 아무 소용이 없다는 것이다.

절하는 내 모습을 본 스님께서 일요법회가 열리기 전 나를 부르더니, 하나하나 자세를 교정해 주셨다. 나름 잘하고 있다고 생각했는데, 교정볼 데가 한두 군데가 아니었다. 절 동작 하나하나에 그렇게 많은 의미와 건강과 직결된 효능이 있다는 게 새삼 놀라웠다. 독자들에게 도움이 될 것 같아 스님의 말씀과 저서인 『깨달은 절수행이란?』 책에 근거해 자세히 기술해 본다.

절하는 동작 하나하나에 집중하기

※ 먼저 합장하는 자세

불자들은 법당에 들어가면 반드시 부처님 앞에 합장 반 배를 한 다음 오체투지의 자세로 삼배를 올린다. 두 무릎과 두 팔꿈치, 이마의 다섯 부분을 바닥에 닿게 하고 절하는 것을 오체투지라 한다. 오체투지로 절하기 위해서는 가장 먼저 몸을 반듯이 세운 채 두 손을 가볍게 모아 붙인다. 이를 합장이라고 하는데 부처님께 귀의한다는 의미와 산란한 마음을 한 곳으로 모아 정성을 다한다는 의미를 지닌다. 합장을 하고 가만히 서 있기만 해도 마음이 안정되고 따뜻해지는 걸 보면, 합장 자체만으로도 좋은 수행이라는 생각이 든다.

비로자나 국제선원 주지인 자우 스님은 신도들과 합장을 함께할 때 마음에 커다란 울림이 있다고 한다. 절 안이나 길에서 신도들이 합장하는 모습에 이런 마음을 느낀다고 한다.

"승가에 귀의합니다. 스님이 계시기에 의지할 곳이 있고, 스님의 청정한 수행에 경의를 표합니다. 저 또한 승가와 한마음이 되어 살겠습니다. 감사합니다."

그런 마음을 받으면 스님은 이렇게 기도한다고 한다. "당신의 합장이 헛되지 않도록 더욱 정진하는 스님이 되겠습니다. 당신의 간절한 마음처럼, 몸으로 힘든 사람들을 위하여 헌신하겠습니다. 내 마음 깊은 곳으로

부터 당신의 행복과 평온을 기원합니다. 그대가 번뇌로부터 자유로워지길 기도합니다."

합장은 이렇듯 깊고도 아름다운 의미를 담고 있다. 합장을 할 때는 다섯 손가락을 가지런히 붙인 후 양손을 마주 붙여야 한다. 합장한 손끝이 미간, 코끝, 배꼽과 일직선이 되게 하고 심장 부근 가슴 한가운데 놓고 팔꿈치는 옆구리에 가볍게 댄다. 청견 스님은 나에게 엄지손가락이 나머지 네 손가락과 많이 벌어지는 것을 지적했다. 엄지손가락을 벌리면 에고가 강해지고 새끼손가락을 벌리면 힘이 빠진다고 한다. 간혹 양팔과 손을 직각이 되게 하는 사람들도 있는데, 이렇게 하면 어깨, 팔꿈치, 손목, 얼굴이 굳어져 스트레스를 받은 것과 똑같이 된다고 한다.

　＊ 다음은 서 있는 자세

정수리의 백회혈에서 회음혈까지 일직선이 되게 한다. 두 발뒤꿈치와 엄지발가락, 두 무릎을 붙이고 허리, 어깨, 가슴을 쭉 편다. 이러한 자세가 될 때에 우주의 기운이 단전에 모이고 저절로 단전호흡이 된다. 대부분 어깨를 앞으로 하는데 나는 지나치게 어깨와 가슴을 뒤로 젖힌다는 지적을 받았다. 무엇이든 지나침은 모자람만 못한 법, 이럴 때 오히려 경직이 된다는 것이다. 그리고 가장 많이 지적을 받은 것은 두 발이 자꾸 벌어지는 자세였다. 발이 벌어지면 허리가 굽어지고 기가 빠져나가며, 기가 빠지면 부정적인 마음이 일어난다는 것이다.

＊ 다음은 기마 자세와 무릎 꿇는 자세

 허리는 반듯이 펴고 두 발을 붙인 상태로 무릎을 땅에 닿게 하는데, 이때 소리를 내지 않게 한다. 두 무릎도 붙이며 두 엄지발가락을 축으로 뒤꿈치는 엉덩이가 들어갈 정도로 벌리고 발가락을 꺾으며 무릎을 꿇는다. 이 동작은 중요한 만큼 효과도 크다. 발가락의 모세혈관이 열려 혈액순환이 좋아지고 발목이 튼튼해지며 종아리의 군살이 빠지고 무릎과 허리, 골반까지 튼튼해진다. 뇌가 각성되어 머리가 맑고 깨끗해지며 눈이 시원해지고 눈동자에서 빛이 난다. 무릎을 구부려 기마 자세를 할 때 태양의 기운이 정수리를 통해 몸으로 들어오고 무릎을 펴고 일어설 때 땅의 기운이 용천혈을 통해 단전에 모인다.

올바른 자세로 무릎을 건강하게

•

 이렇게 많은 효과가 있음에도 불구하고 많은 사람들이 무릎에 대해 걱정한다. 반복해서 무릎을 굽혔다 폈다 하는 동작이 무릎이 약한 사람들에게 과연 좋겠느냐는 걱정이 그것인데, 이에 대한 스님의 답은 물론 괜찮다는 것. 무릎이 약하다고 절을 안 하고 있으면 더 나빠진다는 것이다. 스님 자신도 무릎 관절이 얇은데 지금까지 그렇게 많이 절을 했어도 아무 이상이 없다는 것이다. 그리고 정확한 자세로 하면 무릎 주변 특수 근육과 인대를 발달시키는 최고의 무릎 건강법이 된다는 것이다. 무릎이 아픈 사람들의 특징은 배가 차갑고 신장 기능도 떨어진다고 한다.

＊ 다음은 무릎을 꿇은 자세에서 바닥에 손 짚기

발가락을 꺾고 허리를 펴고 합장한 자세에서 손과 손 사이는 얼굴 볼 간격으로 벌리며 허리를 구부리고 팔을 쭉 펴면서 손을 짚는다. 이때 손을 짚는 위치는 두 무릎 조금 앞에 있어야 한다.

＊ 다음은 손을 짚고 앞으로 살짝 나가며 발 포개기

손목을 꺾어서 손등과 팔이 직각이 될 정도까지만 상체를 앞으로 내보낸다. 손등과 팔이 직각으로 꺾일 때 손바닥의 노궁혈이 열리며 머리와 심장, 폐에 필요없이 차 있던 높은 압력이 떨어진다고 한다. 또 상체가 앞으로 나가며 목, 어깨, 팔, 등허리, 엉덩이, 대퇴부 근육이 풀리며 유연해진다. 나는 절을 빨리하려는 마음 때문인지 계속 팔꿈치가 직각으로 되지 않은 상태, 즉 구부러진 상태로 바닥을 짚고 일어서는 자세를 취했는데, 이럴 때 혈압이 점점 올라간다고 지적하셨다. 저혈압인 경우에는 혈압이 떨어진다고 한다. 발을 포갤 때는 왼발 엄지발가락이 오른쪽 셋째 발가락쯤에 닿게 하고 가볍게 포갠다.

＊ 다음은 엉덩이를 발뒤꿈치에 붙이고 이마를 땅에 대기

엉덩이를 발뒤꿈치에 대면서 동시에 팔꿈치는 무릎 앞바닥에 대고 이마를 바닥에 댄다. 이마를 바닥에 댈 때 목과 어깨를 늘리고 고개를 숙여 이마와 코가 동시에 바닥에 닿게 한다. 이때 대부분 엉덩이가 들리는데, 대퇴부가 굵거나 단단하게 굳어 있고 배에 지방이 많은 사람들이 대체로 그렇다고 한다. 몸을 최대한 바닥에 낮추고 엉덩이를 뒤꿈치에 대면 척추가 바르게 교정되고 척추측만증과 디스크 같은 허릿병이 치유된다고 한다. 또 이마와 코를 바닥에 대지 않으면 스트레스로 인한 목 뻣뻣함, 어깨 굳음, 뒷골 당김, 턱관절 등이 풀리지 않고 중단전이 열리지 않는다고 한다. 이때 중요한 것은 이마, 코, 팔꿈치, 무릎은 바닥에, 엉덩이는 발뒤꿈치에 동시에 닿게 하고 눈을 감지 않도록 하는 것이다. 눈을 감으면 부정적인 잡생각이 많아지기 때문이다.

* 다음은 접족례

엉덩이를 뒤꿈치에 대면서 팔꿈치, 팔, 손바닥을 바닥에 대는 순간, 손바닥을 뒤집어 놓은 상태로 손목 부분이 귀 앞에 놓이게 하고 손가락을 가지런히 붙인다. 손바닥을 펴고 손목을 꺾어서 손바닥이 바닥과 수평을 이루게 하는 동시에 이마와 코를 바닥에 댄다. 이때 자신을 온전히 낮추고 부처님을 높이 받드는 공경심으로 손등 쪽 손목을 꺾어서 손을 올리면, 손바닥의 노궁혈이 열리고 혈압은 떨어지고 심장이 튼튼해지며 가슴이 시원해진다. 손에 마음을 집중해서 천천히 접족례를 하고 처음부터 끝까지 몸에 대한 알아차림으로 절을 하면 바로 번뇌 망상이 사라지고 마음도 밝아진다.

＊ 다음은 손 짚고 머리를 들며 팔꿈치를 펴서 앞으로 나가며 발가락 꺾기

접족례를 한 다음 손을 짚고 머리를 들며 팔꿈치를 펴고 앞으로 나아가 두 엄지발가락은 붙이고, 두 뒤꿈치는 벌어지게 하고, 발가락을 꺾고 마음을 발가락에 고정시킨다. 상체가 앞으로 나아갈 때 목과 고개를 숙이지 않고 반듯하게 서 있을 때의 목과 머리, 상체로 나아간다.

＊ 엉덩이를 집어넣고 허리를 세우고 합장한 다음 탄력으로 일어서기

양쪽 엄지발가락과 뒤꿈치를 붙이고 두 무릎을 붙여서 발가락의 탄력으로 일어서면, 복잡한 생각들이 사라지고 답답한 마음이 없어진다. 이때 중요한 것은 허리와 어깨와 가슴, 얼굴을 펴야 한다는 것. 특히 움푹 들어간 오목가슴을 펴지 않으면 조급한 마음이 생겨서 자신도 모르게 절을 빨리하고 빨리 끝내려고 한다. 이때 허벅지 바깥 근육, 엉덩이 아래 근육, 괄약근, 아랫배, 치골(엉덩이뼈 앞쪽 아래 가운데 부위에 있는 뼈) 부위가 저절로 조여진다. 또한 배는 들어가고 엉덩이는 올라가며 저절로 단전 복식호흡이 되어 기운이 모아지고 가슴이 열린다. 다리의 피가 뇌에 공급되어 의식이 맑아지고 집중력이 높아지며, 의욕을 북돋우는 뇌 활동으로 도전

완벽한 자세가 형성되고 나면 반드시 익혀야 할 자세가 입꼬리를 올리며 미소 짓고, 눈의 시선을 180도로 통째로 둔 채 바라보며, 조금도 움직이지 않고 몸과 마음을 지켜보는 일이다.

정신이 강해지고, 용기와 배짱이 생긴다.

발뒤꿈치 위에 있던 엉덩이가 안정된 상태에서 힘을 빼고 일어나야 바른 자세로 일어서는 것이다. 또 발가락이 꺾인 상태에서 힘을 빼고 일어서야 하는데 발바닥을 바닥에 먼저 댄 뒤 허리를 구부려 일어서면 힘이 들고 척추와 골반, 어깨가 흔들리게 된다. 이때 일어서자마자 앞을 바라보지 않은 채 고개를 숙이고 절을 하면 안 된다. 기가 빠져나가기 때문이다.

여기까지가 절을 하는 완벽한 자세다. 이렇게 완벽한 자세가 형성되고 나면 반드시 익혀야 할 자세가 입꼬리를 올리며 미소 짓고, 눈의 시선을 180도로 통째로 둔 채 바라보며, 조금도 움직이지 않고 몸과 마음을 지켜보는 일이다. 이에 대한 스님의 말씀이 아주 흥미롭고 유익했다.

몸이 풀려야
인생도 풀린다

청도 법왕정사에 계신 청견 스님을 만나 뵙고 난 후 절하는 것이 더 즐거워졌다. 스님이 가르쳐 주신 대로 자세 한 동작 한 동작에 집중하고 천천히 절을 하니 잡념 없이 몰입도 더 잘되고 위의를 갖춘 듯한 느낌마저 들었다. 실제로 법왕정사 신도 칠팔십 명이 법당에 모여 108배 하는 것을 보았는데, 마치 학들이 우아하게 군무를 하는 듯한 느낌을 받았다.

"절을 하고 일어나 입꼬리를 올리고 웃으면서 시선을 180도 통째로 둔 채 바라보며 털끝만큼도 움직임 없는 상태로 5초 동안 머물라."

절을 하고 일어나 바로 몸을 구부리지 않고 똑바로 선 채 합장하고 시선을 한곳에 고정시키지 않고 180도로 펴서 보는 자세는, 뭐랄까 마음이 훨씬 고요해지고 넓어지는 느낌이 든다. 이 자세를 익힐수록 사람을 바라보는 자세나 일을 처리하는 실생활에 있어서도 넓게 보고 통찰하는 것과 연관될 수 있겠다는 생각이 들었다.

  나는 하루 3백 배, 길게는 몸이 허락할 때까지 백만 배는 해야지 하는 생각을 하고 있다. 적어도 그 시간 나를 돌아보고, 남을 위한 기도를 하는 것이 인간으로서의 존엄성을 지키는 방법이라고 생각해 왔다. 그런데 나도 모르게 절을 할 때 서두는 마음이 있었던 것 같다.

  인터뷰를 하는 도중에 청견 스님께서 '저는 지금도 하루에 세 시간 절을 합니다.' 하실 때, 내가 절을 하는 과정에 온전히 집중하기보다는 3백 배를 채우는 것에 마음이 더 가 있었다는 것을 문득 깨달았다. 횟수보다는 절하는 동안 집중해서 그 시간 자체가 수행이 되게 하는 것이 중요하다. 무슨 일을 하든 과정에 정성을 다해 집중할 때 그 일을 즐길 수 있듯, 절 수행도 마찬가지다. 횟수에 목표를 두면 의무감이나 중압감이 생기고 그러다 보면 즐길 수 없게 된다.

  절하는 동작에 깨어 있는 것이 익숙해지면 삶에서 일어나는 모든 것에 깨어 있는 시간도 늘어나게 된다. 수행을 통한 오랜 연습이 현실의 삶에 응용되는 것이다. 생활에 실천될 때 내가 변화한다.

생명의 중심은 숨이다

긴 추석 연휴의 마지막 이틀, 도반 몇 사람과 함께 설악산 봉정암에 올랐다. 다섯 시간 걸은 끝에 올라간 봉정암은 수많은 사람들로 북적였지만(주최 측의 말을 빌면 그날 3천400명이 와서 묵었다고!), 밤 열한 시쯤 되어서 사리탑에 올라갔더니 그 많은 사람들은 어디로 다 가고 스무 명쯤 되는 사람들이 조용히 앉아 있거나 절을 하고 있었다.

절 수행을 하는 사람들에게 봉정암행의 백미는 1700미터 고지의 달빛 아래서 천여 년의 세월을 품은 채 단정히 서 있는 사리탑 앞에서 절을 하는 것이 아닐까 싶다.

나는 봉정암 사리탑을 볼 때마다 살아 숨 쉬는 생명력을 느끼곤 한다. 그래서 그 앞에서 절하는 시간이 정말 좋다. 그날도 세 시간 동안 조용히 절을 했는데 평소와 다른 점이 있다면 한 시간에 108배를 했다는 것이다. 한 시간이면 삼사 백 배 정도는 할 시간이지만 천천히 절을 하고 일어나 시선을 180도로 편 채 합장하고 서 있으니 108배를 한 시간 동안에 하게 되었다.

천천히 절을 하니까 내면이 더 고요해지고 밝아지는 느낌이었다. 아마 예전 같았으면 여기까지 왔는데, 최소한 1080배는 하고 내려가야지 하는 마음으로 서둘러 절을 했을 텐데 동작 하나하나에 집중하다 보니 3백 배로도 충분하다는 느낌이 들었다.

절을 하고 숙소로 내려가기 전, 뒤에서 절하는 분들의 모습을 살펴보았다. 자세가 천차만별인 것은 다른 곳에서와 마찬가지였다. 내 곁에서 좌

웃어야 온몸에 긴장이 풀어지고 마음까지 유연해진다.
몸이 긴장하면 마음도 긴장하기 때문이다.

선과 절을 번갈아 하던 도반의 자세가 접족례를 할 때 손을 머리 위로 높이 올리는 것 말고는 가장 완벽했다.

남자분들의 경우 거의 자세가 엉망이었다. 대부분 발을 많이 벌렸고, 엉덩이가 들려 있었다. 손가락을 벌린 채 합장하고 합장한 손의 위치도 각양각색이고 절을 한 후 허리를 쭉 펴고 서지 않은 채 다시 구부리기에 바빴다. 자세가 정확하지 않으니 산만해 보이고 간절함도 덜해 보였다.

"생명의 중심은 숨이다. 숨을 거꾸로 쉬는 사람들이 절하는 모습을 보면 한심하기 짝이 없다. 불행한 사람은 더 불행해지게 절하고 병에 걸린 사람은 더 빨리 병이 진행되게 절한다. 화병에 걸린 사람은 가슴이 더 답답하고 화가 치밀게, 냉병에 걸린 사람은 순환이 안 돼서 더 차가운 몸이 되게, 머리가 복잡한 사람은 더 머리가 복잡해지게, 무릎 관절이 아픈 사람은 백발백중 무릎을 철저히 고장 내는 절을 한다."

절하는 데 있어서 자세가 얼마나 중요한지 알게 하는 청견 스님의 말씀이다.

자세 교정 후 젊은이들의 변화

절 수행이 홍보되면서 많은 학생들이 청견 스님을 찾아왔다고 한다. 절 수행에 대한 교육과 점검을 받아 완벽하게 절을 하게 하자 머리가 맑아지며 몸이 건강해지는 학생들이 늘어났다. 피곤이나 스트레스가 덜 하고 집중력이 뛰어나게 좋아져 좋은 성적을 냈다고 한다.

고시생들에게 강의를 잘하기로 유명한 강사 한 사람이 스님을 찾아왔다. 그가 가르친 제자들은 시험에 잘도 합격하는데 정작 그는 시험만 보면 떨어져서 실패와 좌절의 역사를 쓰고 있었다. 그에게 절을 할 때의 얼굴 표정, 자세, 동작, 호흡법, 강력한 집중법 등을 알려 주었다. 머리는 시원하고 배와 다리, 무릎과 발은 따뜻하게, 허리에서 가슴, 미간을 쭉 펴서 들숨이 저절로 단전으로 내려가게 지도했다. 태양의 밝은 기운이 꽉 차며 땅의 시원한 기운이 단전의 배에 모여 저절로 단전 복식호흡이 되게 한 것이다.

그렇게 해서 머리가 시원해지고 배짱이 좋아진 그는 용기백배해서 드디어 원하는 시험에 합격했다. 공부도 중요하지만 몸의 조건이 이렇게 중요한 것을 처음 알게 되었다며 좋아하던 모습과 합격하고 기뻐하던 얼굴이 지금도 생생하다고 한다.

이번엔 고3 수험생을 지도한 이야기다. 공부는 물론 봉사 활동도 잘하는 남학생이 수능을 앞두고 기도를 하겠다며 찾아왔다. 착하고 똘똘해 보였으나 얼굴빛이 검었다. 절을 시켜 보니 자세가 엉성했다. 자세를 바르게 교정해 주고 절 수행법과 기도하는 법을 가르쳐 주었다.

머리도 좋고 집중을 잘하다 보니 가르쳐 주는 대로 열심히 절을 했다. 금세 숨이 잘 내려가고 자세가 좋아졌다. 공부도 잘되고 마음이 편하다고 하며 집으로 돌아갔다. 그 뒤 그가 어떻게 되어 있을까 궁금했는데 서울대 법대에 들어가 사법시험에 합격했고, 연수중이라는 사실을 봉정암 순례길에서 우연히 만난 그의 어머니에게서 들었다고 한다.

스리랑카에서 유학하고 있는 한 학생은 힘든 유학 생활을 절 수행으로 극복하고 있다며 감사의 마음을 전해 왔다. 머리가 맑아지고 몸이 건강해지니 공부가 저절로 잘되어 유학 생활을 즐기게 되었다는 것이다. 절을 하지 않았다면 유학 생활을 포기했을 거라며 고마워했다. 나아가 유학을 온 어린 학생들에게 일주일에 한 번 절하는 법을 알려 주고 함께 수행을 하고 있다는 소식을 전해 왔다.

"학생들은 책상에 앉아 공부를 하다 보면 고개와 등허리를 숙이고 가슴을 움츠리게 되니 아랫도리의 기가 막혀서 독소와 가스가 전신을 타고 돌아요. 기혈과 림프, 척수, 뇌수 순환이 잘 안 되는 것이죠. 이때 바른 자세로 절을 하면 막힌 기가 확 뚫립니다. 몸이 가뿐하고 머리가 맑아지니 공부가 잘 안 될 수가 없죠. 자세가 꼿꼿하고 늠름해지며 배짱이 생기고, 용기가 솟으며 여유가 넘치게 됩니다."

청견 스님께서 처음 절 수행을 알리면서 3년 안에 절하는 동작을 통일시켜야겠다고 마음먹었으나 오랜 세월이 흐른 지금까지도 이루지 못하고 있다고 말씀하신 것이 생각났다. 지도자가 절 수행할 때 자세의 중요성을 자각하고 본인부터 자세가 올발라야 따라 하는 사람도 올바르게 할 수 있을 것이다.

절(사찰)에서의 지도자는 스님이다. 굳이 절 수행을 하지 않는 사람들도 절에 오면 최소한 삼배는 올리는데, 이때만이라도 정확하게 할 수 있도록 교육을 받으면 좋겠다는 생각이 든다. 요즘은 많은 곳에서 기초교리강좌가 진행되고 있으니, 최소한 그곳에서 올바르게 가르쳐야 할 것 같다.

청견 스님의 지도를 받으며 절 수행을 한 방송 작가 한 사람은 절하는 자세를 바꾸고 나서 인생의 전환점을 맞았다.

그녀는 평소 수면 부족인 상태로 일을 했기 때문에 습관적으로 하루에 커피를 다섯 잔에서 여덟 잔을 마셨다. 그리고 튀긴 밀가루 음식을 좋아하는 식습관을 가지고 있었다. 대부분의 시간을 책상에 앉아서 보내는 탓에 자세도 언제나 구부정했다. 이 모든 나쁜 습관들이 제대로 된 숨을 방해하고 역호흡을 하게 만들었다. 역호흡이 원활한 기의 순환을 막으면서 몸을 비정상적으로 작동하게 만들어 부정적인 마음뿐 아니라 삿된 것들을 보게 했다.

현대인들에게 정신적인 병이 만연한 것은 육체를 다스리지 못한 이유 때문이라고 본 청견 스님은 그녀에게 먼저 바르게 절하는 자세를 가르쳤다. 절 수행을 시작한 지 일주일쯤 지나면서 동작이 완벽한 자세에 가까워지자 그녀는 몸 안에 기가 채워지는 것을 느낄 수 있었다.

평상시보다 가슴을 활짝 펴고 허리를 꼿꼿이 세우며 합장하는 손을 가지런히 모은 채 자신에게 집중하던 그때, 이마와 손을 타고 기운이 내려오는 것을 느낄 수 있었다. 평소 절을 하고 나면 지쳐 쓰러지던 그녀였으나, 기운을 받고 절을 마친 그날은 유독 정신이 선명해짐과 동시에 기운이 꽉 차는 것이 느껴졌다.

십만 배 넘게 절을 하는 동안 의식을 놓치지 않으려 애를 쓰며 완벽한 절 동작에 집중했다고 한다. 그렇게 정성을 다해 절을 한 결과, 저절로 숨이 배 아래까지 내려가는 제대로 된 숨을 쉴 수가 있었다. 호흡과 기 순환이 제대로 되자 비정상적이던 육체의 리듬도 정상으로 돌아오기 시작했다. 부정적인 마음이 서서히 수그러들고, 숙면을 취하게 되었다. 그녀를 괴롭혀 온 환청들도 차츰 사라졌고 현재 이 순간에 집중하는 시간들로 채워졌다.

절 동작에 집중하는 습관이 자리를 잡자 머릿속의 번뇌 망상들이 자신의 생각이 아니라는 것을 알게 되었다. 불현듯 흥미로운 생각들로 나타나 그녀를 사로잡으며 괴롭히던 번뇌 망상들이 알아차림으로 인해서 더 이상 자신의 분신이 아님을 알게 된 것이다. 5년 동안 괴롭히던 그 모든 것들이 수행 5개월 만에 사라졌다고 한다.

감사한 마음으로 미소 지으면서 절하라

•

청견 스님께서 절할 때의 자세 중 또 하나 강조하는 것은 미소 짓기다. 내 경우 스님께 교정 받은 자세 가운데 실천하기 가장 어려운 것이 미소 짓기였는데, 정말 고난도 수행이 아닌가 싶다. 스님께서도 미소 짓는 것이 잘 안돼서 입꼬리가 올라가는 수술을 받아 볼까도 생각하셨다고 하니, 몹시 어려운 것만은 사실인 것 같다.

웃어야 온몸에 긴장이 풀어지고 마음까지 유연해진다. 몸이 긴장하면 마음도 긴장하기 때문이다. 눈꼬리와 입꼬리를 귀에 걸고 미소 지으며 감사한 마음으로 절을 할 때 뭉치고 굳은 근육이 풀리고 막힌 관절 차크라가 열리며 몸과 마음이 가벼워진다는 것이 스님의 지론이다. 입꼬리를 올리는 연습을 하고 웃을 때 세로토닌이라는 우리 몸에 유익한 호르몬이 나와서 행복해진다는 것이다.

스님은 특히 많이 웃을 것을 강조하는데, 이는 웃으면 마흔 가지나 되는 유익한 호르몬이 저절로 나와서 부정적인 생각이 나오지 않기 때문이다. 생활 속에서도 이렇게 웃는 연습을 실천하면 수행자가 저절로 된다는 것이다.

"입꼬리를 올리고 부처님처럼 아름답게 미소 지으며 절하세요. 나는 지난날 웃지 않았던 게 가장 후회스러운데, 지금이라도 웃게 된 것은 부처님의 가피라 여겨집니다. 행복 호르몬이 솟고 건강해지고 부처님 가피가 빠르다고 말해 주어도 말을 듣지 않는 사람이 많아요. 부처님처럼 미소 띤 얼굴로 완벽한 자세로 절할 때 업장이 녹습니다."

그래서인지 청견 스님의 미소는 백만 불짜리다. 처음 뵙던 날, 기분 좋게 활짝 웃는 모습으로 다가와 악수를 청하는 스님의 모습을 보면서 누군가의 미소가 이렇게도 밝고 아름다울 수 있구나 하는 것을 느꼈다.

그런데 스님뿐만 아니다. 법왕정사에서 절을 지도하고 있는 몇몇 분들의 웃는 모습도 정말 아름답다. 자연스럽게 흘러나오는 생기 넘치는 미소를 보면서 오랜 수행의 결과가 아닐까 하는 생각이 들었다. 감사와 미소가 절 수행에 있어 필수불가결의 요소임에 틀림이 없는 것 같다.

건강과 108배

지난 주말, 선배 도반의 집들이에 초대되어 몇 사람이 모였다. 남산 타워가 가까이 보이고 서울 시내가 한눈에 내려다보여 가슴이 탁 트이는 느낌이 드는 집이었다. 눈이 오는 날은 저절로 한 폭의 풍경화가 될 것 같은 운치 있는 집에서 주인을 포함 여섯 명이 둘러앉아 이런저런 얘기를 나누다 화제가 자연스레 건강 이야기로 옮아갔다.

공교롭게도 여섯 사람 가운데 네 사람이 암이라는 병과 싸웠거나 싸우고 있는 중이었다. 우리나라 성인 중 세 명에 한 명 꼴로 암 환자라는 통계 수치가 과장이 아님을 확인하는 순간이었다. 두 사람은 발병 후 치료를 하면서 108배를 해 건강을 되찾았고, 항암 치료를 받고 회복중인 두 사람은 108배를 하다가 중단한 상태다. 한 사람은 발바닥이, 한 사람은 허리가 아파서 쉬고 있는데, 어쨌든 네 사람 모두 108배를 했다는 것은 건강 회복에 절이 효과적이라는 것이 입증된 셈이다.

나의 경우 백 일 동안 1080배를 하고 나서 수년 간 앓던 고질적인 만성 기관지염이 저절로 나은 경험이 있다. 위하수로 인해 소화가 잘 안 되던 증세와 책상 앞에 앉아 오랜 시간 글을 쓰는 직업병으로 인해 생긴 등과 어깨의 근육통도 많이 해소되었다. 특별히 하는 운동 없이 지금까지 비교적 순탄하게 건강을 유지할 수 있었던 것은 순전히 108배를 지속해 온 덕분이라 확신하고 있다.

복식호흡이 몸에 끼치는 영향

•

108배에서 가장 중요한 것이 올바른 절 자세와 호흡법이다. 중요한 만큼 효과가 크다는 이야기다. 나는 처음 절을 시작했을 때부터 지금까지 특별히 호흡에 신경을 쓴 적이 없다. 가슴이 아닌 배로 호흡을 해야 건강에 좋다는 것도 훗날 알았을 만큼 호흡법에 문외한이었지만, 간절한 마음으로 경건하게 절을 했기에 저절로 복식호흡이 되지 않았나 싶다.

바른 자세로 절을 하면 저절로 복식호흡이 된다. 바른 자세를 익히기 전에 무리하게 호흡법부터 익히려고 하면 역효과를 일으켜 오히려 건강을 해친다고 하니 주의해야 한다.

무릎을 꿇고 합장하고 입을 다물고 양발과 무릎을 붙이고 허리와 가슴, 어깨를 펴면서 일어나면 저절로 숨이 코로 들어와 아랫배로 단전호흡이 된다. 다시 기마 자세로 무릎을 꿇을 때 코로 숨이 들어오면 평상시보다 폐활량이 30% 정도 커진 상태의 들숨이 되는데 이때 무의식중에 저절로 복식호흡이 이루어지는 것이다. 무릎을 꿇고 손을 짚고 머리가 닿기 직전부터 입으로 숨을 뱉으며 접족례를 하고 다시 손을 짚고 앞으로 나갔다가 엉덩이를 집어넣고 무릎을 꿇고 발가락을 꺾고 허리를 완전히 펴기 전까지 입으로 숨을 가늘고 길며 부드럽고 고요하게 내쉴 때 다시 복식호흡이 된다.

절 수행의 전문가 청견 스님은 '호흡이 생명의 중심'이라면서 아무리 좋은 수행도 숨이 맞지 않으면 힘이 빠져나가는데, 이것을 극복하는 방법이 복식호흡이라고 주장한다. 배꼽 아래 치골 부분까지 숨이 저절로 내려오게 해야 제대로 된 108배 절 수행이 되는 것인데, 올바른 자세로 절을 하게 되면 단전보다 훨씬 아래로 숨이 내려간다고 한다.

"자연스럽게 단전호흡이 이루어지게 되면 횡경막의 윗부분인 가슴, 심장, 어깨, 폐, 목, 얼굴, 머리에는 압력이 낮아지고, 횡경막 아랫부분인 배에는 압력이 가해져 위, 장, 간, 쓸개, 지라, 신장, 허리, 골반, 엉덩이, 다리, 발에 혈액이 잘 돌고 산소 공급이 원활해져 심신이 건강해집니다."

전체적인 동작에 숨을 정확히 대입하는 일이 중요하고, 숨이 차고 심장박동이 빨라지면 서 있는 상태에서 호흡을 고르라고 청견 스님은 조언

한다.

　복식호흡을 하게 되면 물의 기운이 위로 올라가 머리가 차고 열의 기운이 아래로 내려가 아래가 따뜻해진다. 절 동작을 시작할 때부터 복식으로 호흡을 이끌어 냄으로써 뇌뿐만 아니라 오장육부에도 충분히 혈액을 공급하기 때문에 몸이 따뜻해진다. 이를 수승화강水昇火降이라고 하는데, 한의학에선 이를 건강의 척도로 삼을 만큼 중요시 여기고 있다.

　수승화강은 뜨거운 기운은 내려오고 찬 기운은 올라가서 머리는 차고 배는 따뜻해지는 것을 말한다. 수승화강이 되면 오장육부에서 혈액과 기운의 순환이 자연스럽게 이루어지면서 몸의 균형이 유지되는 것이다.

　호흡에 맞추어 절을 하다 보면 혈액순환이 좋아지고 단전호흡이 이루어져 열이 생기면서 손발과 무릎, 허리와 배 등 몸이 골고루 따뜻해지면서 입에서는 단침이 나오고 정수리가 시원해지며 눈빛이 맑아진다. 절 수행을 하는 사람들이 대부분 눈빛이 맑은 이유다.

　절을 해서 수승화강이 이루어지면 당뇨, 고혈압, 동맥경화 등의 성인병에 노출되지 않고 잠시 병에 걸린다고 해도 곧 건강을 회복하게 된다고 한다. 스트레스를 많이 받고 정서적으로 불안하면 대부분 머리나 가슴에 열이 많이 찬다. 이런 사람은 호흡이 얕아서 자신도 모르게 한숨을 자주 쉬게 된다. 그리고 두통으로 머리가 자주 아픈 사람은 이마가 늘 뜨겁다. 또 화병을 앓는 사람에게서도 뜨거운 기운이 가슴으로부터 뭉쳐져서 나오는데, 스트레스나 화병을 다스리려면 머리는 차게, 단전은 덥게 해 주어야 한다. 천천히 경건하게 절을 하다 보면 호흡도 절로 부드러워지고 마음이 편안해지는 것을 느끼게 되는데, 이는 수승화강이 되기 때문이다. 절을 급하게 하거나 유난히 잡생각이 많이 나는 날은 영락없이 머리와 목이 무겁고 뒷골이 당기는 느낌이 든다.

절을 하면서 자연히 복식호흡을 하게 되면 일상에서도 바른 호흡을 하게 되어 머리는 시원하며 배와 발은 따뜻해져 건강을 유지할 수 있게 된다. 매일 108배를 하던 여성 한 분은 여름에도 발이 차가워 수면 양말을 신고 자던 자신의 모습이 어느 날 문득 사라져 있더라고 했다. 그만큼 혈액순환이 잘되는 것이다.

또 바른 호흡은 뇌를 자극해 집중력을 키우는데, 집중이 이루어진다는 것은 인체에 면역력이 좋아지는 것을 말한다. 절을 해서 잡생각이 없어지면 인체에서 자연 힘이 생기는 것이다. 절을 많이 해도 피곤하지 않은 이유가 집중력으로 인한 이 힘 때문이다. 호흡은 뇌를 자극해 집중력을 키운다.

또 절을 하면서 복식호흡을 하게 되면 머리는 차고 발이 따뜻해진다. 이를 두한족열 頭寒足熱이라고 하는데, 수승화강과 두한족열이 될 때 몸이 가장 이상적인 상태를 이루고 마음의 평안도 찾을 수 있으며, 질병에 대한 저항력도 커져서 자연 치유의 힘이 높아진다.

절이 주는 복합 운동 효과

•

108배는 근육운동과 유산소운동이 결합된 복합운동이라고 말한다. 단순한 운동처럼 보이지만 목과 골반, 허리에서 다리까지 모든 근육을 골고루 사용하기 때문에 근육을 발달시키는 데 좋은 것이다. 합장하는 자세만으로도 척추를 바로 세우고 어깨 근육을 이완시키는 역할을 한다.

하루 종일 책상 앞에 앉아 있는 학생이나 직장인들은 대부분 근육이 뭉쳐 있어서 뒷목이 뻣뻣하고 머리가 무겁다. 근육이 뭉친 것이 만성화되면 여러 질병을 일으킨다. 스트레스와 잘못된 자세, 과로 등으로 인해 근육이 긴장되면 그 안으로 흐르는 혈관의 탄력성에 문제가 생겨 혈액순환이 원활하지 못하고 이에 따라 혈액이 담당하는 산소와 영양분 및 면역 물질의 수송이 원활하지 못하여 근육과는 무관해 보이는 질병까지 부른다고 한다.

『하루 108배, 내 몸을 살리는 10분의 기적』이라는 책을 펴낸 한의사 김재성 씨는 108배가 인체에 끼치는 영향을 이렇게 말하고 있다.

"108배는 유려한 연속 동작을 통해 그 어떤 운동보다 기혈의 순환을 원활하게 하는 데 탁월한 효과를 발휘한다. 침을 놓거나 마사지를 통해 개개의 경락을 자극할 수 있어도 108배처럼 지속적이고 반복적으로 온몸과 전신의 기혈 순환을 촉진시킬 수 있는 운동은 없다. 기혈의 흐름이 바로 잡히면 몸이 가볍게 느껴지고 안으로 에너지가 충만해서 긍정적인 성격이 형성된다. 인체 내의 361혈과 14경맥이 절 동작 한 번마다 적절히 자극되는 것이 108배다.

 온몸을 적극적으로 활용하는 108배를 하면 위로는 정수리의 백회혈에서부터 아래로는 발바닥의 용천혈, 사지말단으로는 손가락과 발가락 끝에 있는 정혈精血(생생하고 맑은 피)들이 자극을 받아 십이경맥과 기경팔맥의 흐름을 원활하게 하여 병이 나게 하는 나쁜 기운인 사기邪氣를 발산시키며, 비뚤어진 척추와 골반, 팔과 다리를 정교하게 교정시키는 효과가 있다."

108배로 난소암을 극복한 도반

선배의 집들이에 함께했던 오십 대 후반의 김지영 씨는 최근, 건강을 체크해 주던 딸로부터 근육량이 정상으로 나왔다며 그동안 무슨 운동을 했느냐는 물음을 받았다. 그녀는 지난여름 백일기도를 하면서 꾸준히 절을 했던 일을 떠올렸다.

 그녀는 십 년 전, 난소암 판정을 받고 수술을 했는데 수술을 받는 도중 대동맥이 파열되면서 생사의 고비를 넘기고 투병 생활이 시작되면서 절을 하기 시작했다. 우연히 얻게 된 관세음보살 사진 한 장을 인연으로 불교를 만나고, 살고 싶은 간절한 마음으로 절을 찾았는데, 그곳 스님께서 별말 없이 '그냥 절만 하라.'고 했던 것이다.

"그냥, 절만 하라!"

절을 해 보지 않은 사람에게는 막연하고 황당하게까지 들릴 수 있는 말 같지만, 경험자들의 말을 믿고 무심히 하다 보면 기대했던 것보다 배 이상의 효과를 얻을 수 있는 게 108배 수행이다.

스님의 말을 듣고 그녀는 매일 절에 가서 기도하는 사람들을 따라 두 시간 정도 절을 했다. 계속하다 보니 하루 3백 배도 하고 5백 배도 하게 됐다. 처음엔 건강을 위한 운동이라 생각하며 절에서뿐만 아니라 집에서도 틈만 나면 절을 했다. 운동이라곤 숨쉬기 말고는 해 본 것이 없는 그녀에게 108배는 몸을 살리는 좋은 운동이 되어 주었다. 회복 기간 동안 특별한 운동이나 치료를 따로 하지 않았는데도 바싹 말랐던 몸에 살이 오르고 건강이 좋아지기 시작했다.

절은 혼자서 조용하게 생각의 흐름이나 몸의 상태를 관찰하기에 좋은 명상이다. 절을 하다 보니 그녀는 병에 걸린 탓이 자신 때문이라는 것을 깨달았다. 처음엔 남편을 비롯한 시댁 식구들, 그리고 자신에게 사기를 친 사람 때문에 암에 걸렸다고 탓하며 그들을 원망하는 데 시간을 보냈다. 그러나 알아차림이 깊어지고 참회가 되면서 자신이 뻣뻣하게 세웠던 고집이 스스로를 병들게 했던 것임을 깨닫게 된 것이다.

그러다 보니 신심도 생기고 건강도 회복되어서 서서히 108배가 운동이 아닌 감사 기도가 되었다. 저절로 '감사합니다.' 하는 소리를 내며 절을 하게 된 것이다. 부정적인 생각이 사라지면서 내면으로부터 긍정의 힘이 나오기 시작한 것이다.

대동맥 파열로 배가 부풀어 올라 오늘 죽을지 내일 죽을지 모르는 상황에 접하면서 삶이 마지막일지도 모른다는 생각이 들었을 때는 죽음도 두렵지 않고 가족들에 대한 미련도 없었다. 그러나 '인생을 너무 헛살고 가는구나.' 하는 회한이 들어 다시 삶이 주어진다면 열심히 인생 공부를 하리라 다짐했다고 한다.

그 후 십 년 간 불교 공부를 시작으로 사회와 인생 공부를 열심히 하며 십여 개의 자격증을 땄다. 108배로 인해 새로운 삶을 얻은 벅찬 감동을 알차게 삶을 채우는 데 사용한 것이다. 또 자신만을 위한 삶을 살았던 과거의 모습을 반성하며 타인을 위한 삶을 살고자 노력했다. 남을 위한 봉사를 하면서, 내 수고를 통해 업을 녹일 때 병도 나을 수 있다는 것을 깨닫기도 했다.

그래서인지 곁에서 그녀를 보면 모임이나 행사에서 항상 묵묵히 봉사하는 것이 몸에 배었다. 좋은 일이나 궂은일을 가리지 않고 봉사하는 데 앞장서는 그녀를 보면서 타인을 위한 행위가 얼마나 사람을 숭고하게 만드는지 배우게 된다.

지금도 그녀는 꾸준히 절을 하며 기도하고 있다. 주변의 감사한 분들의 행복을 위한 '108명 기도'를 하는데 평소엔 그분들 이름만 불러 주며 축원하지만, 108배를 해야겠다고 생각한 날은 그분들 이름을 하나하나 부

병이 어지간히 낫게 되면 슬그머니 그만두는 사람이 많다. 그러곤 다시 발병하면 하소연하는 사람이 많다.
모든 일은 신념과 끈기를 가지고 지속할 때 공덕이 된다. 투병중인 사람도, 건강한 사람도 운동 삼아 평생 108배를 계속하겠다는 신념을 가지고 실천하면 남은 시간, 건강한 삶을 보장받지 않을까.

르며 절을 하기도 한다.

건강과 가족을 위해, 주변 사람들을 위해 또는 어떤 목표를 달성하기 위해 기도하는데 그럴 때마다 열흘이나 21일 등 기일을 정해 놓고 기도한다. '나를 위한 기도는 가짜'라고 하셨던 성철 스님의 말씀을 그녀를 통해 이해하게 되었다.

성철 스님은 생전에 암으로 고통 받는 환자들이 찾아오면 나이를 불문하고 무조건 백 일 동안 1080배, 혹은 3천 배를 시켰다고 한다. 수많은 효능을 지닌 108배였을 테니 헤아릴 수 없이 수많은 사람들이 암의 고통에서 벗어났다. 청견 스님을 찾아온 사람들 가운데도 그런 환자가 많았다고 한다. 그런데 병이 어지간히 낫게 되면 슬그머니 그만두는 사람이 많다. 해서 다시 발병하면 찾아와서 어떻게 하면 좋겠느냐고 하소연하는 사람이 많은 것을 볼 때마다 안타깝기 그지없다고 한다.

모든 일은 신념과 끈기를 가지고 지속할 때 공덕이 된다. 투병중인 사람도, 건강한 사람도 운동 삼아 평생 108배를 계속하겠다는 신념을 가지고 실천하면 남은 시간, 건강한 삶을 보장받지 않을까 싶다.

나를 위로하는 시간

"애들아, 여보! 내가 무얼 그렇게 잘못한 거야?"

최근 한 주말극에서, 자식 넷을 키운 아버지가 잘나가던 사업에 실패해 오랫동안 무기력한 생활을 해 오면서 아내와 자식들에게 수시로 원망의 말을 듣자, 깊은 우울감에 사로잡혀 강가에서 홀로 술을 마시며 허공에 던진 말이다. 가족을 부양해야 하는 의무감과 실직이나 퇴직 등에 따른 스트레스로 우울증을 앓고 있는 이 땅의 아버지들이 겪는 애환을 대변하고 있는 것 같아, 보고 있는 내내 마음이 짠했다.

불안 장애와 우울증 환자가 오십 대에 가장 많다고 하는데, 중년 남성들이 겪는 이른바 갱년기 우울증은 남성호르몬 분비 저하와 사회적 지위의 변화 등으로 인한 스트레스가 가장 큰 원인이라고 한다. 인생이 뭐 그런 것 아닌가, 어쩔 수 없는 일이지 하고 방치하다간 극단적인 선택으로 이어지는 경우가 있기 때문에 가족들의 배려가 필요하다고 전문가들은 조언한다. 전문가들은 우울감이나 스트레스 해소를 위한 좋은 방법으로 즐거움을 느끼게 하는 본인만의 운동과 취미 생활을 즐길 것을 권하고 있다. 즐겁게 활동을 하면 긴장할 때 뇌에서 나오는 에피네프린 등의 호르몬 분비가 줄고 대신 기분을 좋게 하는 세로토닌이 늘어나 우울감을 회복할 수 있다고 한다.

또 우울증을 해소하기 위한 방법으로 가족과 함께 산행하기, 하루 이삼십 분 햇볕 쪼이기 등을 권하고 있는데, 이 모든 것을 충족시켜 줄 수 있는 것이 108배가 아닌가 싶다. 집과 가까운 데 절이 있으면 운동도 할 겸 걸어갔다가 햇살 가득한 법당에서 108배를 하고 나오면 그 짜릿한 충만감은 이루 말할 수가 없다. 주말마다 운동 삼아 산에 올랐다가 절에 들어가서(어느 산이든 반드시 절이 있으니까!) 108배를 하고 내려와 된장찌개 한 그릇 사먹는 것으로 심신의 건강을 챙기는 분들도 있다.

무슨 운동이든 함께하면 동지애가 생기는 걸 경험할 수 있는데, 가족과 함께하는 108배는 절을 하고 난 뒤 기쁜 마음을 공유하고 좋은 가치를 함께 추구한다는 점에서 동지애 이상의 가족애를 돈독하게 하는 효과가 있다.

도반 한 사람은 사십 대에 부모님을 잃고 마음이 우울한 데다 가정의 우환까지 겹쳐 우울증의 나락으로 한없이 빠져들었다고 한다. 직장에 나가 일을 하고 있어도 하루에도 몇 번씩 부모님을 따라가고픈 마음이 들 만큼 우울증이 심해질 무렵, 한 달에 한 번 3천 배를 하면서 극심한 우울증을 극복했다. 몸은 힘들어도 마음이 날아갈 듯 가벼웠던 그 느낌, 도반들 틈에 섞여 절을 하고 산을 내려올 때 느꼈던 그 기쁜 마음을 경험하지 못했더라면 목숨을 버리고 싶었던 우울감을 이겨 내기 힘들었을 거라고 했다. 지금은 편안해진 마음으로 집에서 108배를 하고 일 년에 몇 차례 도반들과 3천 배를 하며, 경전 읽기에 푹 빠져 있다.

정신적인 감기 우울증

정신적인 감기라 불리는 우울증은 전 세계적으로 현재 1억 명 이상이 앓고 있는 질환이라고 하니, 얼마나 많은 사람들이 겪고 있는 질병인지 짐작할 수 있다. 그런데 우울증을 겪는 사람도 문제지만 그 곁에서 생활하는 사람 또한 큰 문제다. 자연스레 감기 옮듯 전염이 된다고 하는데, 더 심각한 것은 우울증으로 인해 극단적인 선택을 한 경우 살아 있는 가족들의 삶이다. 가족 중 한 사람이 그런 선택을 하고 나면 나머지 가족도 열에 아홉은 고통 속에 살아간다.

　매일 반복적으로 몸을 낮추어 절을 하면 혼란한 마음이 가라앉으면서 자신을 깊이 돌아보게 된다. 파도가 잦아든 맑고 깊은 바다에 삼라만상이 그대로 비치듯, 내가 살아온 삶의 모습이 그대로 드러나기 때문이다. 내가 생각했던 것들이 어떻게 현실화되었는지, 그리고 이번 생에서뿐만 아니라 오랜 생을 살아오면서 했던 내 생각과 말과 행동의 결과가 지금 어떻게 나타나고 있는지 깨닫게 된다. 그러면 내가 겪는 현실을 담담히 받아들이게 된다.

막연히 '그럴 만한 이유가 있겠지.' 했던 것이 '그럴 만한 이유가 있었구나!'로 바뀌면서 적극 수용하게 되는 것이다. 내가 마주하고 있는 일을 인연, 인과의 법칙으로 수용할 때 번뇌로 출렁였던 무거운 마음을 내려놓게 된다.

한 노비구니 스님은 젊은 시절, 전국의 적멸보궁을 순례하며 하루 몇천 배씩 강도 높은 절을 하다가 문득 전생을 보게 되었고, 자신의 전생을 알게 되자 현실의 삶을 적극적으로 받아들이게 되었다고 한다. 현실을 직시하고 받아들일 때 현실에 대한 원망과 회의, 불확실한 미래에 대한 불안과 걱정을 내려놓게 되는 것이다.

내려놓으면 알게 된다. 삶의 어느 부분에서든 시간과 사랑이 필요하다는 것을 깨닫고 현실을 담담히 수용하는 법을, 그리고 상대방이나 세상으로 인해 내가 고통을 겪는 것이 아니라 내가 만들어 받고 있다는 것을.

또한 몸을 움직이면서 108배를 하게 되면 복식호흡이 저절로 되어 날숨이 길어져 엔돌핀과 쾌락 호르몬인 도파민, 다이놀핀 등이 나와 기분이 상쾌해지고 행복 호르몬인 세로토닌이 나온다. 이러한 호르몬이 에너지로 변화할 때 알파파라는 뇌파가 형성되어 번뇌 망상이 가라앉아 마음이 고요해지고 맑아져 끝내는 밝아진다. 그러니 우울감을 느낄 때 지속적으로 108배를 하면 몸도 마음도 명쾌해지는 것이다.

하루 5백 배로 우울증에서 벗어나다

"108배? 너무 좋아요. 저는 세상 사람들이 모두 절을 했으면 좋겠어요."

절 이야기가 나오자 이렇게 말하며 눈을 반짝였던 자비행 보살을 얼마 전 남해 용문사에 다녀오는 길에 만났다. 108배로 인해 낮은 자존감과 깊은 우울증에서 벗어나 자신감으로 충만한 새 삶을 찾은 그녀는 오십 대 초반이라고는 믿기지 않을 정도로 날렵한 몸매에 쾌활한 성격을 지니고 있었다.

그녀가 절을 하기 시작한 것은 결혼 후 함께 살던 시어머니의 호된 시집살이 덕분이었다고 한다. 사사건건 며느리의 삶을 통제하고 주도하려 했던 시어머니는 그녀에게 공경해야 할 대상이 아니라 무섭고 두려운 존재였다. 날이 갈수록 시어머니의 일거수일투족이 싫기만 했다. 함께 밥을 먹어야 하는 일이 고역일 만큼 식사를 하는 모습까지 미워 보였다.

남을 미워할 때 가장 힘든 사람은 상대가 아닌 나 자신이다. 오죽하면 옛 도인들께서 '사랑하고 미워하는 마음만 없애면 삶에 큰 어려움이 없다.'고 했을까. 미워하는 마음이 깊어지자 우울증이 찾아왔다. 시어머니에게서 벗어나지 못한 채 아무것도 해결하지 못하는 자신이 한심했고 한심하게 느껴질수록 자존감이 낮아졌다. 사람들을 만나 즐거운 시간을 가져 보았지만 그때뿐, 돌아서면 다시 똑같은 지옥의 연속이었다.

매일 복잡한 마음으로 서성일 때, 일간지에 연재되던 '성철 스님 시봉 이야기'를 읽다가 다음과 같은 구절을 발견하게 되었다.

"스님들도 서로 미워하는 마음이 생길 때 절을 한다."

그 구절이 마음에 들어왔다.

"도를 닦는 스님들도 누군가 미울 때가 있구나. 그럴 때 절을 하는구나!"

당장 절을 하기로 하고, 인터넷에 들어가 정보를 찾으니 절을 시작하는 데 도움이 되는 많은 이야기들이 쏟아져 나왔다. 그날 저녁부터 매일 5백 배를 하기 시작했다.

효과는 당장 나타났다. 일상생활을 하면서 하루 5백 배를 하려니 우선 시어머니를 미워할 시간이 줄어들었다. 그러나 수년간 쌓인 미움이 절 5백 배 하는 것으로 당장 없어진다면, 얼마나 좋을까. 시어머니와 마주칠 때마다 또 시시때때로 미운 감정이 일어나 요동을 쳤다. 생각을 다른 데로 옮겨 보았지만 잠시일 뿐 근본적인 해결이 되지 않았다. 이럴 때 주력을 함께하면 효험이 있다는 정보를 얻고 능엄주를 써 가지고 다니면서 차 안에서도, 운동을 하면서도 외웠다.

어느 날부터 하루 5백 배와 능엄주가 우울한 마음을 거두어 내기 시작했다. 맹렬히 두 가지에 집중하자 몸도 마음도 가뿐해지면서 우울한 마음에서 벗어날 수 있는 힘이 생기는 것이 느껴졌다. 자신감이 솟았다. 어떤 일을 결정할 때면 늘 남편 뒤에 숨어 그의 처분만 바랐던 소극적이고 자존감 없던 자세가 어디론가 사라지고 매사 주도적이 되어 갔다.

무엇보다 달라진 것은 어떻게 사는 것이 진정 행복한 삶인가 스스로 깨우치게 된 것이다. 그동안 몸이 하자는 대로 쉽고 편한 삶을 추구하며, 물질을 많이 소유하는 것이 행복한 삶인 줄 착각했던 자신이 보이기 시작한 것이다.

날이 갈수록 새로운 세상이 펼쳐지는 것 같았다. 어느 날부터 자신이 얼마나 큰 힘을 가지고 있는 귀한 존재인지 깨닫게 되자, 도무지 이해가 되지 않았던 '우리 모두가 부처'라는 말이 저절로 이해되었다. 내가 세상에 단 하나밖에 없는 귀한 존재이니 자신이 그토록 미워했던 시어머니도 소중한 부처였다.

늘 문제의 해결을 밖에서 찾으려고 했던 것이 얼마나 큰 전도몽상이었는지를 깨닫게 되었다. 내가 온전한 지혜와 자비를 갖춘 부처인데, 탐욕과 성냄과 어리석음으로 인해 가려져 있었구나 하는 깨달음이 들기 시작하자 눈물이 많이 나왔다. 자신이 얼마나 큰 어리석음으로 잘못 살아왔는지가 보이면서 많은 참회가 뒤따랐다.

"'살아가면서 특별한 일이 생겼을 때 매일 3천 배를 하라.'고 하셨던 성철 스님의 말씀이 어떤 의미인지 첫 3천 배를 하면서 깨달았어요. 육체적으로는 힘들지만 그것이 자신의 내면과의 싸움이고, 큰 욕심 없이 진심으로 절을 하다 보면 세상을 살아가는 이치를 밝게 알게 되는 변화를 느끼게 되죠."

그녀의 이러한 변화는 정신적인 것에만 그친 것이 아니었다. 허리에 근육이 생겨 아무리 절을 해도 허리 아픈 줄 모르고, 자세가 바르게 되니 따로 몸매를 가꾸기 위해 노력하지 않아도 모두가 부러워하는 아름다운 몸매를 유지하게 되었다. 절을 하면서 온몸의 근육과 관절들을 반복적으로 수축 이완시키면서 굽히고 펴는 것을 반복하다 보니 척추가 바로잡히는 효과를 자연스럽게 본 것이다.

"108배는 나에게 캄캄한 세계에서 환한 마음의 세계로 가게 하는 전환점이 되어 주었어요. 아무리 좋은 법문도 내가 수행해서 깨치지 않으면 내 것이 아니라는 사실, 즉 내가 스스로 깨달은 것만이 내 것이 된다는 것을 절 수행을 통해서 깨달았죠. 가장 큰 변화는 스스로 삶을 주도적으로 이끌어 갈 수 있는 힘과 지혜가 생겼다는 것입니다. 한쪽으로 치우쳐 생각하던 습관이 사라지자 무슨 일이든 편하게 수용할 수 있게 되었죠. 생각의 폭이 넓어지고, 성격이 밝아지고 자신감이 생긴 것도 큰 변화예요. 그리고 애쓰지 않아도 좋은 인연들이 만들어졌죠."

매일매일이 새롭게 느껴지고, 내가 살아서 움직이는 것을 감사할 수 있을 때 행복이 만들어진다는 것을 깨달았다는 그녀에게 오랜 세월이 흐른

아무리 좋은 법문도 내가 수행해서 깨치지 않으면 내 것이 아니다. 내가 스스로 깨달은 것만이 내 것이 된다.

지금, 그토록 미워했던 시어머니는 어떠한 모습으로 존재하는지 물어보았다.

"시어머님이요? 요즘은 어머니를 부를 때 '사랑하는 어머니!' 이렇게 불러요. 연세가 많다 보니 요즘 초기 치매 증상을 보이고 있는데, 이제 제가 잘 돌봐 드릴 차례죠. 좋은 인연을 만드는 노력이 수행이잖아요."

세상에 원인 없는 결과는 없다. 이걸 알면 어떤 문제도 헤쳐 나갈 수 있다. 나를 수없이 낮추며 겸손을 배우게 하는 108배는 그 진리를 알게 하는 첩경이 아닐까 싶다. 그 깨달음이 건강한 마음과 몸을 만든다.

5장

몸과 마음이 열리다

108배 하는 자리가
복이 고이는 자리

지난해 초겨울, 유방암 수술로 입원한 선배 한 분을 문병했다. 워낙 매사 긍정적이고 씩씩하게 세상을 사는 분이라 크게 걱정하지는 않았지만 큰 수술을 받고 나서인지 수척한 모습에 조금은 걱정이 있어 보였다. 이런 저런 이야기를 하던 끝에 '108배를 좀 해 보세요. 마음이 안정되고 건강에도 좋을 거예요.' 하면서, 절 수행을 해서 병을 치유한 분들의 이야기를 해 주자 반색을 하며 꼭 해 보겠다고 했다.

문병을 끝내고 나올 무렵, 병실 창가의 책 한 권이 눈에 들어왔다. 『인생을 낭비한 죄』, 스무 분 남짓의 수행자분들에게 인생을 물었던 나의 책이었다. 수술을 하기 전 입원해 있으면서 한 번을 읽고, 수술하고 나와서 몸을 회복하는 동안 다시 한 번 읽었는데, 인생을 깊게 통찰한 지혜로운 말씀들이 마음을 안정시키는 데 많은 도움이 되었다며 고마워했다. 그러면서 하는 말이 책에 나오는 스님 한 분을 꼭 뵙고 싶으니 안내를 좀 하라는 것이다. 지금 이 순간 일상생활을 최대한 즐겁게 하는 것이 인생을 낭비하지 않는 것이며, 시공간을 떠나서 진정한 행복에 머무는 것이라고 설파하셨던 도현 스님이 그 주인공이었다.

꼭 모시고 가겠다고 약속한 지 일 년의 시간이 흐르는 동안 선배는 2차 항암 치료까지 끝내면서 꿋꿋하게 병을 이겨 냈다. 그리고 지난주 초, 드디어 도현 스님을 뵈러 지리산으로 떠났다. 도반 십여 명과 함께였다.

무사찰주의자의 행복 컨설팅

．

올해 예순여덟이신 도현 스님은 22년째 지리산 쌍계사에서 차로 15분쯤 거리에 있는 의신마을 산꼭대기 토굴에 사신다. 네 해 전 토굴에 불이 나서 한 평 더 늘려 지었더니 지난번 세 평 토굴에 견주면 대궐 같다며 우리 일행을 토굴 안으로 안내하셨다. 정말 대궐은 대궐이었다. 열세 명이 방과 마루에 나눠 앉았는데 좁다는 느낌이 조금도 들지 않았으니 말이다. 멀리 산등성이 너머에서 불어오는 맑은 바람과 새들의 지저귐까지 더하니 어느 궁궐 부럽지 않았다. 언제 와 봐도 '텅 빈 충만'이라는 표현이 딱 맞는 곳이다.

무사찰주의자로 이렇게 작은 공간에 홀로 살다 보니, 사람들이 와 보고는 '도대체 무얼 먹고 사느냐'고 묻는다고 한다. 그러면 스님은 이렇게 대답한다.

"나는 해인사 장경각에 가서 부처님 법문을 도매로 받아 와서 여기서 소매로 팝니다."

부처님 제자로서 스승께 받은 지적 재산을 찾아오는 사람들에게 나누어 주며 산다는 뜻이다. 이자 없는 무상대출의 행복 컨설팅인 셈이다. 그러나 세상 사는 이치가 공짜가 없는 법, 시기가 조금씩 다를 뿐 나중에 이자를 가지고 찾아온다는 것이다. 그런데 스님에게 가장 큰 이자는 각자 잘 살고 있는 것으로 이자를 치르는 것이라고 한다.

사람들이 찾아와 또 이렇게 묻는다고 한다.

"그런데 스님은 여기서 혼자 무얼 하고 살지요?"

스님이 하는 중요한 일이 있다. 때로 사람들이 와서 시주를 하면 그 자리에서 그들을 위해 기도를 해 주는 일이 그것이다. 우리 일행에게도 들려준 기도의 내용이 참, 아름다웠다.

"강물이 흘러서 바다에 이르듯, 초승달이 보름달이 되듯 시주자가 원하는 바 모두 다 원만하게 이루어지이다. 아름답게 오래 살고 건강하고 행복하소서."

신도들은 물질적인 것을 보시하고 스님은 그 보시에 대한 답을 법(기도)으로 이렇게 대신하는 것이다. 부처님 시대부터 내려오는 아름다운 전통이라는 생각이 든다.

스님께서도 찾아오는 사람들에게 대체로 두 가지를 묻는다.

"우리는 무엇인가?"가 그 하나. 그 질문에 대한 스님의 답은 "우리는 이동식저장장치, 즉 USB다."라는 것이다. 삶의 한 순간 한 순간, 아름다운 것들이 저장되어야 내일 당장, 혹은 다음 생에라도 아름다운 내용들이 풀려나올 수 있다는 말씀이다. 삶의 매순간 몸과 마음, 그리고 생각으로 짓는 것들에 철저히 깨어 있으라는 말씀을 하고 싶은 것이다.

그리고 또 하나는 찾아오는 이들의 전공에 대해 묻는 것이다. 도배를 하는 사람에게는 내가 못하는 기술을 배우고, 음악을 하는 사람에게는 내가 듣지 못하는 소리를 듣고, 그림을 그리는 사람에겐 자신이 보지 못하는 색을 보기 때문이다. 그래서 만나는 사람 모두가 스님에게는 스승이다. 몸살이라도 나서 병원에 가면 젊은 의사라도 그가 선생님이다. 거기에서 또 영원한 선생도 영원한 제자도 없음을 배운다.

또 토굴에 살면서 안팎으로 도량을 깨끗이 치우는 것이 수행이며, 무슨 일을 하든 정성스럽게 하는 것이 기도라는 걸 수시로 깨우치는데, 찾아오는 이들과 이런 느낌을 나눈다.

"도를 닦는다는 것은 하찮고 보잘것없는 것 속에서도 큰 기쁨을 가지는 것을 말합니다. 이것은 굉장히 중요하고 또 기술과 정보가 필요한 일이지요. 우리가 살아가는 데 제일 중요한 것이 지혜입니다. 선정만 가지고는 문제를 해결하지 못해요. 마음을 차분히 하는 것은 누구나 할 수 있어요.

조용히 설거지만 해도 차분해지니까요.

 화두를 들고 염불을 하는 것은 마음을 안정시키는 것이고, 스님들에게 법문을 듣거나 책을 읽고 또 도반들과 대화를 나누면서 좋은 아이디어를 입력시켜 놓는 것이 지혜예요. 그러한 다양한 지혜들을 이동식저장장치에 입력시켜 놓아야 필요할 때 찾아 쓸 것 아니겠어요? 본 바가 있어야 문제가 해결되는 것인데, 그 본 바를 잘 입력시켜 놓았다가 적재적소에 사용하는 것이 바로 지혜입니다."

108배, 과정을 즐기세요

"늘 자연스럽게 호흡을 주시하라."는 것을 가풍으로 삼아 찾아오는 이들에게 호흡을 통한 수행법을 전해 주고 선정과 지혜의 필요성을 역설하시는 스님께 108배를 통해 선정과 지혜를 함께 얻을 수 있는가 여쭤보았다.

 "108배 속에서 선정과 지혜를 얻을 수 있지요. 요즘 날마다 108배를 하고 있는데, 절을 하다가 아이디어가 떠오르면 메모를 합니다. 땀을 쭉 흘리며 이삼십 분쯤 절을 하고 나면 기분이 아주 좋고, 오늘 일과는 다 끝났구나 하는 생각에 홀가분해집니다.

 비나 눈이 오는 날엔 포행을 할 수가 없어 이 작은 공간에서 걸으려면 갑갑해지거든요. 그럴 때 108배는 아주 좋은 운동이 되죠. 그런 날은 운동 삼아서 두 번도 해요. 한 동작 한 동작 정성스럽게 하면 시간 가는 줄 모르죠.

무엇 하나를 오래 하면 친숙해지고 그 친숙한 것이 나중에는 자기가 되어 버려요. 생각도 행동도 마찬가지입니다. 그래서 무엇을 나에게 주지시키는가가 중요해요."

'친숙한 것이 끝내는 자기가 되어 버린다.'

정말 동감 가는 말씀이다. 108배를 오래 하다 보면 몸과 마음으로 익혔던 108배가 온전히 내 것이 되어 나를 낮추게 되고, 정화된 맑은 눈으로 세상을 바라보니 마음이 평화로워지는 것을 경험하게 된다.

스님의 108배 예찬이 이어졌다.

"토굴을 찾아오는 사람들에게 108배 하기를 적극적으로 권하고 있거든요. 108배를 하면 첫째 운동이 되어서 소화도 잘되고 건강에 좋고 지구력이 생겨요. 그 다음 마음이 맑아지고 복이 생깁니다. 또 하심을 하다 보니 다른 사람을 공경하는 마음이 생깁니다."

스님의 평범한 이 말씀에 108배의 효능이 다 들어 있다. 일행들이 스님께 하나둘 묻기 시작했다.

"저는 참선을 하고 있는데 절 수행을 해야 할까요?"

"참선은 정적이고 절은 동적인 수행인데, 두 가지가 균형을 이뤄야 해요. 정적인 공부만 하는 것은 샘에 물이 고이는 것과 같아요. 참선을 하는 사람이 절을 하는 것은 옹달샘에 물이 들어오고 나가는 순환 장치를 해

두는 것과 같아요. 안거 때 좌선만 열 시간씩 하게 되면 하체가 많이 약해지는데, 그러면 의욕이 없어져요. 절을 하면 하체가 약해지는 걸 보완할 수 있죠. 또 절을 하면 소화가 잘되기 때문에 인물도 예뻐져요."

"그런데 왜 절을 하면 복이 생기죠?"

"절을 할 때 두툼한 방석을 깔고 하면 무릎이 닿는 자리가 푹 패이잖아요? 그 자리가 복이 고이는 자리예요. 복은 낮은 곳으로 흘러요. 마음을 낮은 곳에 두는 사람에게 온갖 복이 들어온다고 했거든요. 절을 하는 행위는 어리석은 마음을 굴복시키는 것인데, 마음을 굴복시키다 보면 사람이 겸손해지거든요. 겸손하다는 것은 자기를 가장 낮은 데 둔 것이고 그 낮은 자리에 복이 고이는 거지요."

역시 복이 좋긴 한가 보다. 스님께서 복 얘기를 하시니 모두 눈을 반짝이며 집중했다. 우리 일행 가운데 가장 연장자인 분이 확인차 여쭈었다. 올해 여든 살이신 이분은 그날 우리 일행 중 가장 잘 걷고 활기찼다.

"저도 아침마다 108배를 합니다. 오늘도 여기 오려고 새벽 세 시에 일어나서 108배를 하고 왔어요. 제 방석도 항상 푹 들어가 있습니다. 복을 받는 거지요?"

"복은 받는 게 아니고 누리는 거예요. 나중이 아니고 현재진행형이니까요. 절은 시간에 쫓겨서 하면 재미가 없어요. 또 이거 오늘 안 하면 안 된다 하는 강박관념을 가지면 부담스러워지고, 108배한테 자기가 붙들려 있는 거예요. 부처님 앞에 일 년에 단 한 번만이라도 간절하게 절하는 것

"그런데 왜 절을 하면 복이 생기죠?"
"절을 할 때 두툼한 방석을 깔고 하면 무릎이 닿는 자리가 푹 패이잖아요? 그 자리가 복이 고이는 자리예요. 복은 낮은 곳으로 흘러요. 마음을 낮은 곳에 두는 사람에게 온갖 복이 들어온다고 했거든요. 절을 하는 행위는 어리석은 마음을 굴복시키는 것인데, 마음을 굴복시키다 보면 사람이 겸손해지거든요. 겸손하다는 것은 자기를 가장 낮은 데 둔 것이고 그 낮은 자리에 복이 고이는 거지요."

이 중요하거든요. 간절 절(切)자 하나만 있어도 이루지 못할 게 없다고 했습니다."

절을 하는 자체가 복을 누리는 거라는 스님의 말씀에 백번 동감한다. 절을 하고 싶어도 못하는 사람이 많다. 수술을 하고 난 선배도 내 권고를 듣고 나서 108배를 하기 시작했는데, 시작한 지 며칠 만에 중단하고 말았다. 발이 바닥에 닿으면 마치 칼날을 밟는 듯 아파서 도저히 할 수가 없다는 것이다.

사는 데 큰 장애가 없을 때 절을 할 수 있다. 혹시라도 넘어져 팔이나 다리라도 다치면 하고 싶어도 할 수 없다. 내 경우 몇 년 전에 새끼발가락에 금이 가서 6개월 동안 절을 하지 못했다. 그래서 나는 절을 하고 난 후의 효과를 생각하지 않는다. 절을 할 수 있는 것 자체로 행운을 누리고 있다고 생각하기 때문이다.

돌아와 녹음한 스님의 말씀을 요즘 108배를 빼놓지 않고 하고 있는 딸에게 들려주었더니, 아침마다 108배를 하고 출근하는 남편의 방석을 사진 찍어 가족 카톡방에 올리고는 이렇게 썼다.

"아빠, 절할 때 저 무릎 패이는 자리가 복이 고이는 자리래요. 스님 법문 듣는데 아빠 방석 패인 거 생각나서요."

"그래, 고맙다. 우리 모두 매사에 열심히 접근할 필요가 있어."

스님을 뵙고 난 다음 날 새벽, 쌍계사 법당에서 도반들과 함께한 108배. 그냥 그대로 행복을 누린 자리였다.

세상 모든 엄마들의 108배

한 달에 한 번 1박 2일 일정으로 도반들과 함께 정진한 지 십 년이 넘었다. 그 긴 세월은 나를 성장시키는 여정이기도 했고, 도반 한 분 한 분들께 배우는 지혜가 정말 많았다. 전국의 수많은 절들을 다니면서 각 절의 스님들께 감동적인 법문도 많이 들었다.

저녁노을이 황홀했던 해남 미황사, 별빛이 유난히 아름다웠던 해인사 원당암, 청화 큰스님의 향훈이 서려 있어 가슴 뭉클했던 곡성 성륜사, 구절초 향기가 은은하게 풍겼던 영평사, 선원장 영운 스님의 환한 미소가 담긴 맑은 차를 대접받았던 은해사 백흥암, 갈 때마다 월암 스님의 사자후가 토해졌던 문경 한산사 등지를 다니면서 십 년을 넘게 매달 진행되었던 정진회이기 때문에 그에 따른 추억도 많다. 나는 늘 이러한 아름다운 추억을 간직할 수 있게 된 것을 108배를 한 공덕이라고 생각하고 있다.

후배 선희는 오랜 동안 함께 절 수행을 하고 있는 도반이다. 땀을 유난히 많이 흘리는 그녀는 절을 하면 금세 등판이 흥건히 젖곤 한다. 그녀에게 '절이 주는 의미는 무엇인가' 하고 물었더니 이렇게 답했다.

"내려놓기의 기초적 행동, 그리고 부처님에 대한 예경이겠죠. 절을 하면 뒤돌아보게 되고 참회하게 되더라고요. 내가 미워하거나 싫어했던 사람들과 마음으로 화해하게 되고 나의 주변과 현재의 삶에 대해 감사하게 되고요. 신심의 증장은 말할 것도 없고요."

그녀는 겸손하고 신심이 깊다. 신심이 깊다는 것은 내가 지혜와 자비를 갖춘 부처라고 믿는 마음이 깊다는 것을 말한다. 그런 그녀가 대학 졸업을 앞둔 아들과 한바탕 싸웠다기에 물어보았다.

"반듯하고 착한 아들과 무슨 일로 싸웠어?"

"대학원에 가겠다고 해서 취직하라고 했더니, 엄마는 자기 생각이나 계획을 들어 보지도 않고 반대부터 한다며 화를 내더라고요."

"왜 반대를 했는데?"

"학구적이지 않아 보여서 먼저 취업을 하고 일을 하면서 정말 필요하면 대학원에 진학하는 게 맞지 않느냐고 했더니, 앞으로 취업을 생각해서 대학원에 가겠다는군요. 그래서 엄마의 반대를 너의 확고한 의중과 확신을 위한 도구로 생각하라고 했어요. 엄마의 반대로 흔들릴 의지라면 안 하는 게 옳지 않겠어요?"

"자기 인생인데 심사숙고해서 내린 결정 아닐까? 웬만하면 지지해 주는 게 좋을 것 같아."

"가기로 결정하고 교수님과 협의중이에요. 한바탕 싸우고 문자를 보냈어요."

그러면서 문자의 내용을 보여 주는데 그 내용은 젊은이들에게 108배를 권하고 싶은 나에게 감동적이지 않을 수 없었다.

"엄마의 부탁인데 방학하고 부산에서 서울 올라오는 길에 산청 선림사에 들러서 일주일간 정진하고 오면 좋겠다. 그곳은 취업과 시험 등 사회에 첫발을 딛기 위해 고민하는 젊은이들에게 언제든지 열려 있는 곳(도량)이라고 한다. 그곳에 계신 법사님의 상담도 탁월하다고 다녀온 사람들이 그러더라. 엄마 도반의 취업 준비생 딸이 며칠간 다녀와서는 '절을 하느라고 힘들었지만 거기 계신 법사님이 엄마보다 더 편한 엄마 같다.'고 하면서 또 가고 싶다고 했다는구나. 꼭 들러 정진하면서 네 인생을 되돌아보고 마음을 다지는 시간으로 삼으면 좋겠다는 생각이야."

"정말 잘했다. 간대?"

"간다고 문자 보내왔어요."

엄마가 이러한 상황에서 절을 권유할 수 있었던 것은 자신이 절 수행을 하고 그 효능을 경험해 봤기 때문이다. 자식이 진로에 대한 결정을 앞두고 있을 때, 취직을 앞두고 방황할 때, 자신의 결정에 대한 확신을 갖지 못할 때 절을 권유해 보면 좋다. 절을 하면서 차분하게 자신을 돌아볼 수

자식이 진로에 대한 결정을 앞두고 있을 때, 취직을 앞두고 방황할 때, 자신의 결정에 대한 확신을 갖지 못할 때 절을 권유해 보면 좋다. 절을 하면서 차분하게 자신을 돌아볼 수 있고, 용기를 얻을 수 있기 때문이다.

있고, 용기를 얻을 수 있기 때문이다. 곧 방학이고 후배의 아들은 선림사에 다녀올 것이고, 있는 동안 많은 성장이 있을 것이다.

도빈은 스승과 다름 아니다. 절을 하면서 자식에게 바라는 그 어떤 것도 욕심임을 알았다는 그녀는 이제 자식을 하나의 독립된 인격체로만 바라본다. 그러니 마음이 그렇게 편할 수가 없다는 그녀를 보면서 도반이 스승과 같음을 배우는 것이다.

자식은 부모를 공부시키는 스승이다

부모에게 자식은 수행을 하게 하는 스승이다. 내 경우도 딸로 인해 하루 3백 배를 한 게 어느덧 십여 년의 세월이 지났다. 큰딸이 고등학교 2학년이 끝날 무렵, 해인사 금강굴에 계신 불필 스님을 찾아뵌 적이 있다. 스님께서는 나의 딸에게 입시가 끝날 때까지 하루 3백 배를 할 것을 명하셨다. 입시 공부를 하는 동안 매일 절을 하면 네가 원하는 모든 일이 이뤄질 것이며, 힘든 입시 생활을 잘 이겨 낼 수 있을 것이라고 하면서 3백 배 숙제를 내 준 것이다. 백번 옳은 말씀이지만 그게 어디 쉬운 일인가.

딸애는 한 달 정도 열심히 하더니 슬그머니 그만두었다. 나도 아침 일찍 나갔다가 밤늦게 돌아오는 입시생으로서는 무리이다 싶어서 강권하질 못했다. 그런데 스님께서 간곡한 말씀과 함께 내린 과제를 실천하지 못하는 것이 마음에 걸렸다. '어떻게 하지?' 하고 고심하다가 딸을 대신해 3백 배 숙제를 하기 시작했다. 오늘날 내가 매일 수행 과제로 3백 배를 하는 건 순전히 딸 덕분인 것이다.

엄마들만 자식을 위해 절을 하는 것은 아니다. 얼마 전 불교계 방송국에서 만난 프로듀서 한 분이, 아들의 사춘기로 인해 힘들다고 하소연을 하길래 108배 이야기를 해 주면서 해 보라고 권했더니, 듣는 것만으로도 벌써 마음이 편해지고 문제가 풀린 것 같다며 좋아했다. 오늘부터 당장 시작하겠다는 그에게 힘을 주었다.

"반드시 아빠도, 아들도 좋아질 거예요."

자식과 부모는 영혼이 직통으로 연결되어 있기 때문에 부모의 마음이 편하면 당연히 자식도 편해진다. 백 일 동안 해 보겠다고 하니 그의 백 일 후가 궁금하다.

엄마들은 자식을 위해서 절을 하고 자식은 그런 엄마가 고마워서 언젠가 절을 한다. 절은 그렇게 마음과 마음을 이어 주고 진심을 전하게 한다. 어느 댁은 부부가 모두 절 수행을 하는데, 그 자식들이 자라 결혼을 하고 일가를 이룬 뒤, 부모님께서 우리를 위해 절을 했으니 이제 우리들이 자식을 위해 절을 할 차례다, 하면서 절을 하고 있다고 한다.

엄마가 변하면 자식도 변한다. 엄마의 마음에 자식에 대한 확신이 있으면 그것이 그에게 전달되어 그도 힘을 얻는다. 상대방에 대한 확신은 나에 대한 확신에서 시작된다. 아, 나에게 이러한 힘이 있구나, 깨달을 수 있는 힘이 있구나, 하고 깨달으면 상대방에 대한 확신도 저절로 생긴다. 나의 확신이 그를 일깨우고 변화시키고 성장시킨다.

훌륭한 인물 곁에는 어머니 혹은 아내가 있다는 옛말이 허언이 아니다. 사랑은 기도이며 관심이고 헌신이다. 그동안 내가 가지고 있던 그에 대한 불확실함을 털어 버리고 그를 믿는 것이다. 사랑은 내가 잘못한 것을 참회하고 내 행동을 변화시키는 것이다.

자식이 지장보살, 관세음보살, 부처라고 생각하고 그의 말에 귀를 기울여 보면 배울 것 천지다. 이해하지 못할 것이 없다. 두두물물이 다 선지식이란 말이 이해가 된다.

자식이 부처라는 믿음

올해 대학을 졸업한 작은딸과 함께 이십여 일 동안 나라 밖 여행을 다녀왔다. 서유럽의 이 도시, 저 도시를 시간에 구애받지 않고 자유롭게 여행하다 보니, 만사를 다 잊고 이국의 정취에 젖을 수 있어 좋았다. 그러나 이번 여행에서 무엇보다 좋았던 것은 딸의 새로운 면을 발견한 일이었다. 취업 준비를 하고 있는 딸에게는 이번 여행이 어디에 매이지 않고 할 수 있는 마지막 자유로운 여행이었을 것이다.

아무리 모녀 사이라도 적지 않은 날들을 하루 24시간 함께 있으면 트러

블이 있지 않을까 내심 걱정했는데 괜한 기우였다. 집에서는 내가 보호자였지만 역할이 바뀐 낯선 여행지에서 딸아이는 내 보호자 노릇과 가이드 역할을 능숙하고 충실하게 해냈다. 걷기보다는 차 타고 다니는 것을 좋아하고 체력이 약하다 싶어 과연 잘 다닐 수 있을까 염려했는데, 여행하는 내내 먼저 일어나 준비하고 정확하게 여행지를 잘 찾아 안내했다.

산에 오르기를 좋아하고 박물관이나 미술관에 오래 머물고 싶어 하는 나를 위해 쇼핑하는 것이 즐거운 자신을 내세우지도 않았다. 오랜 시간 잘 걷고 무엇이든 잘 먹고, 동행자인 엄마는 물론 만나는 모든 사람에게 예절 바르고 친절했다. 모르는 것은 쫓아다니면서 묻고 바로 해결했다. 적극적이고 씩씩했다. 평소 좀 더 적극적이고 경쾌했으면 하고 아쉬워했던 딸아이의 모습은 거기에 없었다. 딸과 여행을 하면서 깨달았다.

"아, 사람은 자신이 무대의 주인공이 되었을 때 저절로 잠재된 실력을 발휘하게 되어 있구나!"

그러니까 부모는 자식이 그러한 힘을 이미 가지고 있다는 것을 깨닫고 자신의 삶에서 주인공으로 살아갈 수 있도록 바라봐 주면 되는 것이다. 인생의 선배들은 한결같이 부모들에게 말한다. 자식이 잘못된 길로 가는 것을 바로잡아 주는 역할만 하고 나머지는 그들에게 맡기라고. 그런데 참, 그게 어렵다. 조금 늦게 일어나면, 저렇게 게을러서 전쟁터와도 같은 이 세상을 어떻게 살아갈 수 있을까 걱정한다. 책을 좀 더 많이 읽으면 좋을 텐데, 시간을 좀 더 알뜰히 썼으면 좋을 텐데 등등의 걱정 가득한 마음으로 바라본다.

그러나 모든 것이 괜한 걱정이라는 것을 나의 딸은 이번 여행길에서 보여 주었다. 그냥 젊음 자체만으로 충분히 완성된 존재였고 넘치도록 아름다웠다. 그리고 엄마인 내가 생각하는 것 이상으로 자신의 삶을 진지하게 생각하며 개척해 나갈 준비를 하고 있었다. 다시 말하지만 부모는 그야말로 자식이 지혜와 자비를 구족한 부처와 다름없는 존재라는 것을 믿고 서서히 스스로 꽃피워 나가는 것을 기다리면 되는 것이다. 숲속의 나무들이 제 스스로 자라는 것처럼 말이다.

그러나 말이 그렇지 실천하기가 쉽지 않다. 그래서 나는 휴대폰에 아이들 이름 뒤에 '부처님'을 붙여 저장해 놓고 있다. 전화를 받을 때 눈으로 '부처님'을 보며 '나는 지금 부처님의 전화를 받는다.' 이렇게 생각하면서 전화를 받는다. 그러나 솔직히 고백하면 매번 자식을 부처로만 바라보는 일은 아직 요원하다. 자식을 위해 수없이 108배를 하고 3천 배를 했지만 노력하고 있을 뿐이다.

요즘 나는 다시 참회하는 마음으로 매일 3백 배 하던 것을 늘려 1080배를 하고 있다. 일단 21일 동안 집중적으로 하기로 했다. 격동의 청춘기에 이런저런 일로 힘든 시기를 보내고 있는 작은딸을 가만히 보고 있노라니, 그간 내 생각이 늘 옳다는 입장에서 그 애를 판단해 왔다는 생각이 들었다. 엄마와 가장 밀접한 관계에 있는 그 애가 그동안 얼마나 힘들었을까 싶어 깊이 참회하고 있다. 새벽과 저녁으로 나누어 절을 하고 있는데,

힘들어도 하고 나면 개운하다. 엄마인 내가 참회해서 맑아지는 만큼 딸도 밝아져 용기를 얻고 일어서리라 믿는다.

모든 생명의 평화를 위해 기도하다

우리 수행 모임에서 누구보다 내공이 단단한 동심 거사는 내가 108배 수행에 대한 글을 쓴다고 하자 가장 반가워했던 사람이다. 학부에서 물리학을 공부하고 대학원에서 불교학을 전공한 사십 대 중반의 그는 '불교 논문 100편보다 절 수행에 관한 책 한 권이 낫다고 본다.'는 얘기를 해 주었다. 오히려 불교 관련 책이나 논문들을 통해 본질을 놓치고 번잡스러운 분별심만 키우고 있는 것은 아닌지 안타까울 때가 많다면서, 수행의 깊이에 관련 없이 각자의 진실한 경험이 묻어 나온다면 많은 사람들에게 도움이 될 것 같다고 했다.

그가 108배를 시작한 것은 삼십 대 초반, 오랫동안 사귀었던 연인이 수녀원으로 떠나 버린 힘든 일이 닥쳤을 때다. 내면적으로도 만족스럽지 못하고 삶에 대한 막연한 불안감이 최고조에 이른 때이기도 했다. 그럴 즈음, 우연히 접한 『금강경』을 읽고 마음이 크게 열리면서 '세상의 모든 문제에 대한 답은 내 마음속에 있는데, 그것을 모르는 어리석음이 가장 큰 문제구나.' 하는 것을 발견했다.

특히 『금강경』의 '여여如如'라는 두 글자에 마음이 동화되어 매일 108배를 하기 시작했다. 밤을 새워 3천 배를 하기도 했다. 절은 스스로의 한계를 극복하는 데 중요한 방편이 되어 주었다. 처음 천 배를 넘기고 3천 배를 넘겼을 때의 환희로움은 지금도 크게 남아 있을 만큼 자신에게 닥쳤던 어려움을 극복하는 데 큰 힘이 되어 주었다. 그리고 매일 참회하며 자신을 성찰하는 108배가 습관이 되다 보니 신체적으로도 건강해졌다.

삼보일배로 산을 오르는 이유

그렇게 자신의 성찰로 시작된 108배가 어느 날부터 일체중생의 행복을 위한 발원의 삼보일배로 바뀌었다. 그는 십 년 사이 삼보일배로 설악산 봉정암을 열 번도 넘게 다녀왔다. 가끔은 도반들과 함께하기도 하지만 주로 홀로 다녀왔다. 말이 그렇지 걷기에도 힘든 길을 세 걸음 걷고 한 번 절하며 1700미터의 산꼭대기에 있는 봉정암에 오른다는 것은 보통 마음이 아니면 할 수 없는 일이다. 내가 알기로는 그만큼 여러 번 삼보일배 수행을 한 사람은 없는 것 같다.

그에게 단도직입적으로 물은 적이 있다.

"걸어서 다섯 시간 정도면 도착할 것을 굳이 열두 시간 이상 힘들게 절 하면서 가려는 까닭이 있어요?"

"과연 삼보일배를 하면 내게 무엇이 크게 달라질까, 일체중생을 위해서 그렇게 간절히 기도한다고 해서 세상이 얼마나 바뀔까, 그런 생각을 할 때도 있어요. 그러나 한 가지 확실한 것은 진리에 대한 믿음이 커진다는 거죠."

"진리는 무얼 말하죠?"

"제행諸行이 무상無常하니 제법諸法이 무아無我요, 그 자리가 열반적정涅槃寂靜이다!"

우리 삶에서 일어나는 모든 것들이 인연에 따라 일어났다가 사라지는 것이니 실체가 없는 공성空性인 것이고, 실체가 없기 때문에 고정된 자아라고 할 그 어떤 것도 없다. 그러하니 '내 것'이란 관념도 설 자리가 없는 것이다. 그렇게 무아와 무소유가 내 삶에 정착이 되었을 때 번뇌가 없는 자리에서 살 수 있다는 불교의 핵심을 그는 삼보일배를 통해 익히고 있는 것이다.

"무슨 생각을 하면서 삼보일배를 하냐고 묻는 사람이 많죠?"

"걸으면서는 '일체중생의 온전한 행복을 간절히 발원합니다.' 하고, 절하면서는 '나무아미타불'을 염합니다. 그 반대로 하기도 하고요. 이것을 반복하면서 조금씩 앞으로 나아가는 시간은 참으로 느림의 미학을 맛보는 시간들이죠. 나무아미타불에 맞추어 세 걸음 걷고, '일체중생의 온전한 행복을 간절히 발원합니다.'로 절할 때의 마음은 행복 그 이상이에요."

"힘들 때도 있죠?"

"본래 우리는 부처인데 두터운 업장 때문에 그 사실을 모르니 엎드려 그 업장이 본래 없음을 깨닫고자 하는 것 아닌가. 그런데 그렇게 꼭 엎드려 절을 하면서 가야 하나 그런 생각이 들 때도 있어요. 솔직히 그런 생각을 하면 더 이상 힘들어서 하지 못합니다. 오로지 마음에는 염불과 일체중생의 행복을 위한 발원만 남아 있어야 가능하죠. 시간이 지날수록 몸은 힘들어지지만 마음은 더 명료해져요. 그러면 이러한 마음이 온 법계를 덮고 있음을 관합니다."

삼보일배를 하면서 그가 지나는 사람들에게 가장 많이 들었던 말은 '성불하십시오.'인데, 부처가 되라는 그들의 덕담을 듣는 것 자체로 구도행이 되었다고 한다. 진실한 마음을 담은 말이 사람을 키우니, 최고의 지혜와 자비를 온전히 갖춘 부처가 되라는 말처럼 큰 덕담은 없을 것이다.

어느 해 봉정암에 오르기 전날 밤, 방에서 홀로 참선할 때는 삼매에 깊이 들어가 찾으려 해도 찾을 수 없는 고통을 여실히 보기도 했고, 자신이 얼마나 헛된 망상을 가지고 스스로 고통이라 여겼는지 깨달았다. 그것을 직시하면서 그동안 느꼈던 몸의 고통이 서서히 사라지는 것을 느꼈다고 한다.

"물론 위기도 있었지요?"

"백담사에서 봉정암까지 총 11킬로미터 중 1킬로를 남겨 두고 매섭게 몰아치던 눈보라 속에서 길을 잃었어요. 이미 해는 졌고 어둠 속에서 길을 잃었으니 두려움이 몰려왔어요. 그 두려움 속에 낮에 유난히 울던 까마귀 소리를 들었을 때의 느낌, 절하고 있을 때 매섭게 몰아치는 눈보라를 잊을 수 없죠. 그때 이유 없이 머리에 두르고 있던 라이트가 나갔는데, 본능적으로 공포심이 엄습해 왔죠. 정신을 바짝 차리고 아마타불을 염했는데, 두려운 감정 또한 공하다는 깨달음을 얻었던 기억이 납니다."

그러한 경험을 하고 난 뒤 그는 모든 문제의 해결은 결국 인연법으로 바라보는 것에 있다는 확신이 배가 되었다. 살고 죽는 것도 인연법에 맡겨 두고 이 마음이 오로지 얼마나 진리에 가까워졌는지를 보면 된다는 사실을 깨달은 것이다.

"내가 아무리 염불을 해도 고통이 사라지지 않는다면 진리의 자리에서 염불하지 않았기 때문이죠. 염불하는 것이 중요한 것이 아니라 염불하는 마음이 어디에 있는가를 늘 주시해야 한다는 생각입니다."

그를 따라 몇 차례 삼보일배를 해 보았는데, 뒤에서 보니 그는 단정하고 진지한 자세를 놓치지 않았다. 그에게 삼보일배는 그렇게 진리의 자리로 돌아가려는 진지한 수행이자, 다른 사람의 평안을 발원하는 기도였던 것이다.

다양한 인생을 배우다

•

한겨울 산속에서 높이 쌓인 눈 위에서 홀로 절을 하면서 이름 모를 산새들과 교감하기도 하고, 눈보라 치는 어둠 속에서 죽음의 경계를 맛보기도 하는 과정에서, 또 산에서 만난 사람들과 이야기를 나누면서 그는 인생을 배웠다고 한다.

어느 해인가, 봉정암에 오르기 위해 전날 백담사에 유숙하면서 만난 분들에게 삼배일보를 할 거라고 하니까 다들 놀란 눈으로 바라보았는데, 그 가운데 두 분이 그의 마음에 아직도 남아 있다고 한다. 두 번째 찾아온 암 투병을 하면서 삶을 정리하러 백담사에 온 칠십 대의 남자분은 자식들을 다 키워 혼인까지 시키고 정년퇴직해서 이제 여유로운 삶을 살아 볼까 하던 육십 대에 암에 걸렸다. 간신히 암을 치유했는데 재발하여 암과 싸우느라 또 십 년을 보냈다. 젊을 때 수행하는 삶을 전혀 생각해 보지 못했다고 하면서 회한에 젖은 그분을 보면서 어떻게 살아야 할지를 생각해 본 것도 그에게 인생 공부가 되었다.

또 사십 대 중반의 남성은 삶이 너무 힘들어 극단적인 선택을 두 번 시도했는데, 사는 것도 힘들지만 죽는 것도 힘든 것을 경험했다면서, 삼보일배를 하러 온 그를 보면서 '이렇게 사는 젊은이도 있구나.' 하는 것을 깨닫고, 후에도 자주 연락을 하며 그에게 도움을 받았다는 것이다.

그는 그분들에게서 처자식을 위해 평생을 열심히 살았지만 결국 병에

오늘 만나는 모든 생명들을 부처님처럼 대하길 기원하며 절합니다.

걸린 자신의 문제는 아무도 해결해 주지 못하고, 죽음의 문제를 해결하는 것도 결국 자신밖에 없다는 것을 배웠다. 누군가를 위해 살아온 것이 아니라 결국 자신의 삶을 살아왔고, 지금 살고 있다는 것을 직시하는 것이 중요하다는 것 또한 알게 되었다.

"마음이 가볍습니다"

절을 한 지 십수 년이 흐른 지금 그는 보험세일즈를 업으로 하는 회사원으로 일하고 있다. 이십 대 때 도전했다가 주위 시선에 얽매어 스스로 쌓은 벽을 넘지 못했던 보험세일즈에 다시 도전해 지금까지 더없이 만족스럽게 일하고 있다. 일을 통해 많은 사람들을 만나는 것이 그에게는 중요한 수행 방편이 되었다.

"오늘 만나는 모든 생명들을 부처님처럼 대하길 간절히 기원합니다."

그러한 염원으로 하루를 시작해 사람들을 만나면 '행복하세요.' 하고 인사하는 것을 잊지 않는다. 늘 감사한 마음으로 고객들을 대하는 습관만으로도 충분히 영업이 된다는 것을 놀랍도록 경험한다고 한다. 그는 지금 꽤 높은 수입을 올리는 직장인이지만, 서울 근교에 방 한 칸을 얻어 살며 된장에 몇 가지 야채를 찍어 먹는 것으로 만족하는 삶을 살고 있다. 독신으로 사는 그에게 행복에 대한 정의를 물어보았다.

"오늘 이 순간 평안함을 느끼는 것이 최고의 인생이며 행복임을 깨달으면서 감사한 마음으로 살아가는 것입니다."

지금도 그는 매일 참회하는 마음으로 오체투지의 108배를 한다. 함께 정진할 때 보면 그는 티베트 스님들처럼 몸을 완전히 뻗어 절을 한다. 묵언하며 절을 하고 있지만 '일체중생의 온전한 행복을 간절히 발원합니다.' 하면서 완전히 바닥에 엎드리고, 청정법신 비로자나불, 원만보신 노사나불, 천백억화신 석가모니불' 하면서 일어난다.

몇 해 전 그는 자신의 형님을 위해 신장 하나를 떼어 냈다. 퇴원을 하고 나온 그에게 건강을 물으니 이렇게 대답했다.

"콩팥 하나 떼어 냈는데 이렇게 마음이 가벼울 수가 없습니다."

오체투지의 절을 올리는 그를 볼 때마다 나는 '일체중생의 행복을 위해 발원한다.'는 그의 108배 기도가 얼마나 진정성 있고 아름다운 것인가를 생각해 보곤 한다.

남편의 기도

생전에 성철 스님께서는 가족들이 함께하는 수행이 무엇보다 큰 힘을 발휘한다고 하시면서 가족이 함께 수행할 것을 권했다고 한다. 함께 수행을 하면 말없이도 교감되는 그 무엇이 생겨나 가족 간의 화합이 잘될 것은 자명한 이치여서 스님의 권유를 백 번 이해할 수 있다.

우리 집은 남편과 아이 둘 모두 108배를 한다. 그야말로 가족 모두 108배 도반들인 셈인데, 앞서거니 뒤서거니 하면서 108배 수행을 하게 되었다. 그 가운데 가장 먼저 시작한 사람이 남편이다. 사십 대 초반쯤 도반들과 한 달에 한 번 3천 배 철야 기도를 하던 중, 어느 날 그에게 지나가는 말로 물어보았다.

"같이 한번 해 볼래요?"

그가 기다렸다는 듯이 대답했다.

"그럴까?"

그는 우리 모임에 나와서 3천 배 대신 1080배를 했다. 나중에 들으니 '저 사람이 무엇 때문에 저렇게 3천 배를 하나, 나도 한번 해 볼까' 하는 생각을 하고 있었다고 한다. 도반들은 처음 남편을 보고 절대 오래 나오지 않을 거라고 예상했다는데, 이유는 깐깐해 보이는 사십 대의 남자가 절을 오래할 거란 생각을 하지 못했다고 한다. 어쨌든 사십 대 초반에 불교에 입문한 그의 절 수행은 그렇게 시작되었다.

변해야 산다

·

그 후 오랜 세월이 흐른 어느 부처님오신날이었다. 문경에 있는 고선사에 다녀오다가 그가 문득 오늘부터 3백 배를 하면서 백일기도를 하겠다고 했다. 내가 두 번째 1080배 백일기도를 시작한 지 두 달이 끝나갈 무렵이었고, 남편이 불교에 입문한 지 이십여 년 만이며 절을 할 거라고 말로만 하면서 차일피일 미룬 지 몇 년 만이었다. 그날부터 그는 수십 년을 줄기차게 마시던 곡주를 끊고 하루 3백 배씩 절을 하기 시작했다.

하루 가운데 절을 하는 시간이 가장 즐겁다면서 그는 백일기도가 끝나면 하루 6백 배 백일기도를 다시 시작하겠다고 했다. 그 다짐을 지키더니 드디어, 내일 모레 육십을 앞두고 21일 3천 배 기도를 하겠다고 선언했다. 그리고 겨울방학이 시작되자마자 짐을 싸들고 김천 수도산 1천 미터 고지에 있는 수도암으로 떠나 21일 동안 매일 3천 배를 하는 쾌거를 올리고 돌아왔다. 돌아와서 그는 이렇게 말했다.

"이제부터 내 인생의 가장 중요한 프로젝트는 내 본래면목으로 돌아가는 거야. 내 본래의 모습인 불성佛性으로 돌아가지 않고는 어떤 일도 제대로 할 수 없다는 생각이 들어."

나는 남편에게 그 말을 들으면서 108배 수행이 얼마나 내면을 변화시키는지 깨달았다. 인생의 중요한 가치를 불성으로 돌아가는 수행에 두고 날마다 그것에 전력하는 시간을 갖는다면 더 이상 바랄 게 없을 것 같았다. 남편은 그 후 108배 예찬론자가 되었다.

"건강에 좋지, 자신감 충만하지. 이보다 더 좋은 게 없어요. 한번들 해 보세요."

개선장군처럼 21일 만에 돌아온 남편을 본 한 후배는 그의 분위기가 너무나 밝아졌다면서 딸과 함께 하루 1080배를 시작했다. 그리고 물었다.

"그 나이에 어떻게 3천 배를 할 생각을 했어요?"

"그동안 절을 해 오면서 절 수행의 끝이 어디인가 확인해 보고 싶었지. 인간의 한계를 시험해 볼 수 있는 기회라고 생각했어. 진정한 불자로 살아왔는가 하는 의문도 있었고. 무엇보다 더 이상 나이 들면 못하겠구나 싶어서 도전하게 되었어. 3백 배, 6백 배를 백 일씩 하고 간간히 1080배를 해 왔지만 3천 배는 다른 차원이라고 생각했거든."

그는 추운 겨울에 어떻게 기도를 했을까?

한겨울인 1월 3일에 시작했는데, 날씨가 너무 춥다 보니 기도를 하러 온 사람은 그 혼자였다. 당시 수도암의 기도 스님은 새벽, 오전 열 시, 낮 두 시, 저녁 예불 이렇게 네 번에 나누어 기도를 하고 있었는데 스님의 목탁 소리에 맞추어 절을 했다고 한다. 스님이 『천수경』을 독송할 때는 앉아서 같이 읽지 않고 절을 하면서 따라 했다. 한 시간 정도 정근 기도를 하기 때문에 그 시간에 하는 절은 1500배였고, 나머지 1500배는 시간을 조율하면서 했다. 공양하는 시간을 제외하고는 대적광전, 나한전, 약광전을 돌면서 혼자 절을 했다.

아침 세 시 새벽 예불부터 시작해 3천 배가 마무리되는 시간은 오후 여덟 시. 땀에 전 몸을 샤워할 때의 느낌은 말할 수 없이 상쾌했다. 아홉 시쯤 잠들고 새벽 세 시에 일어나는 일상을 21일 동안 지속했다.

위기도 있었다. 사흘째 되던 날 동요가 일기 시작했던 것이다. 절하는 횟수가 중요한 것인가 하는 회의가 들기 시작한 것이다.

나는 그의 이날을 기억한다. 그에게서 전화가 왔다. 도저히 하루 3천 배는 힘들어서 불가능할 거 같다는 것이었다. 무엇보다 발뒤꿈치가 터져 피가 나니 추운 법당에서 계속하는 것은 무리인 것 같다며 하루에 1080배만 하겠다는 것이었다. 평소 같으면 마음이 약해서 '1080배도 장하지.' 하면서 동의했을 텐데 그날만은 단호했다.

"1080배를 하려면 집에서도 할 수 있는데 그 먼 곳까지 뭐 하러 갔어요? 하루에 3천 배를 하지 않으려면 집에 와서 해요."

나중에 들으니 그때 내 말이 격려 겸 질타가 되어 물러서려는 마음을 물리치고 다시 밀어붙이는 데 큰 도움이 되었고, 도반의 필요성을 절실히 느끼는 계기가 되었다고 한다. 얼마 후 그에게 나이도 있는데 하루에 1080배만 하라고 조언했던 수도암 주지 스님께서 내게 전화를 주셨다.

"아니, 거사님이 그렇게 본래 지독하세요? 하루도 빠지지 않고 3천 배를 하네요?"

3천 배를 하는 동안 그간 고정적인 틀에 얽매여 살아왔다는 것과 게으르고 인색했으며 무지했다는 자각이 들면서 크게 참회했다고 한다. 참회가 무엇인가 하는 것을 깊이 깨달으면서 눈물이 나왔고, 불교의 진수인 연기법을 깨달으면서 세상의 모든 존재가 정말로 소중하다는 생각이 들었다는 것이다.

3천 배 후 그의 변화는 무엇일까?

"세 가지를 얻었다. 첫 번째는 마음의 안정이다. 초조한 마음으로 서두르고 부정적으로 생각하곤 했던 사고가 긍정적으로 많이 바뀌었다. 모든 것이 인연 따라 이루어진다는 것을 확신하게 되었다. 두 번째는 게으른 습관의 타파이다. 절 수행이 습관이 되면서 새벽부터 하루를 시작하게 돼 오전에 시간이 늘어난 느낌이다. 차분하게 하루를 설계할 수 있어서 좋다. 세 번째는 건강을 지켜 준다는 것이다. 기준치보다 높던 혈압이 정상

변화해야 자신이 가진 인색함과 게으름, 그리고 무지에서 벗어날 수 있다.

으로 돌아왔고 따로 운동을 안 해도 좋을 만큼 몸의 리듬이 바뀌었다."

청춘의 고뇌와 함께 취업을 고민하는 젊은이들에게 그는 절을 권한다. 무차별한 경쟁 사회에서 설 자리를 찾지 못해 방황하는 학생들이나 취업 준비생들이 절을 하면 긍정적인 사고를 갖게 된다고 조언한다. 나는 안 된다는 부정적인 생각이 절을 하면서 왜 안 되는가를 살펴볼 수 있는 기회를 갖게 되고 내게 무한한 힘이 있으니 할 수 있다는 자신감을 갖게 된다는 것이다.

주위 사람들에게 절을 권하면서 그는 이렇게 말하고 있다.

"변화해야 한다는 생각에 절을 하게 되었는데 절을 하면서 변화만이 살 길이라는 확신을 가질 수 있었다. 변화해야 자신이 가진 인색함과 게으름, 그리고 무지에서 벗어날 수 있다는 깨달음은 값진 것이었다. 참회를 하고자 하는 사람들에겐 3천 배를 권하고 싶다. 하고 나니 사람이나 사물을 흔들림 없이 바라보는 힘이 생겼다."

요즘도 매일 108배를 하는 그를 보면서 나는 그의 가장 큰 변화는 안심을 얻은 거라고 생각한다. 그는 3천 배 21일 기도 후 새로운 연구 사업을 시작했는데, 3천 배 기도를 했다는 사실 하나만으로 안심을 얻었기 때문인지 순조롭게 진행되고 있다. 나 또한 그가 정성을 다한 기도를 하고 시작했기 때문인지 편안한 마음으로 그를 바라보고 있다.

남편의 21일 동안의 3천 배 후 진심으로 그가 믿음직스러워졌다. 무얼 해도 걱정되지 않는 마음이 생겼으니, 그로 인해 나도 함께 안심을 얻은 것이다. 가족 간의 신뢰와 평안을 3천 배로 얻었다는 생각이 든다.

참, 또 하나 그가 말하는 것이 있다. 우리 집 사위가 될 청년들은 들으시길!

"우리 집 사위는 결혼하기 전 3천 배를 하지 않으면 결혼을 허락할 수 없어!"

설악산 봉정암 삼보일배

몇 해 전 우리나라에 오신 디베드 노스님 두 분을 뵌 적이 있다. 한 분은 어느 큰 절의 도서관장이시고 한 분은 평생 수행만 하시는 스님이셨다. 두 분 모두 여든 살이 넘었다는데도, 어찌나 정정하고 맑은 얼굴을 하고 계신지. 인사를 간 우리들에게 하신 말씀이 인상적이었다.

"우리는 여러분들에게 인사를 받을 만큼 훌륭한 사람이 못 됩니다. 우리들을 찾아다닐 게 아니라, 여러분들 스스로 수행을 하는 일이 중요합니다."

그렇게 말하신 스님들은 높은 연세에도 하루에 수백 배를 하는 것은 물론, 수시로 백 일을 정해 놓고 기도하면서 매일 1080배를 한다고 한다. 두 스님들을 한국으로 모시고 온 달라이 라마 스님의 제자 청전 스님도 절 수행이 일상화되신 분인데, 맑은 분위기가 두 노스님들과 닮아 있었다.

아마 세상에서 가장 절을 많이 하는 사람들은 티베트 불교를 믿는 사람들일 것이다. 티베트나 인도의 라다크에 사는 스님들이나 신도들은 절이 거의 생활화되어 있을 만큼 열심히 절을 한다고 한다. 티베트 불교에서 출가해서 수행자가 되려면 반드시 10만 배의 절을 해야 하고, 수행자의 길을 걸으면서도 평생 동안 10만 번 정도는 절을 하는 것이 일상화되었다고 한다. 스님들뿐만 아니다. 티베트 불교 신자들은 평생 티베트의 수도 라싸로 성지순례를 가는 것이 소원이라고 하는데, 오체투지로 순례를 시작해서 티베트 성지에 이르기까지 수십 년이 걸린 경우를 종종 보았다.

티베트 불자들이 절을 하는 형식은 크게 합장과 오체투지로 나눌 수 있는데, 우리와는 동작과 의미가 좀 다르다. 먼저 합장을 할 때는 우리처럼 두 손바닥을 붙이지 않는다. 손바닥 사이에 공간을 두어 꽃 피기 전의 연꽃과 같이 만드는데, 이는 보리심의 발현을 상징하는 것이다. 이를 연화합장蓮華合掌이라고 한다. 합장한 후에는 합장한 손으로 정수리(이마)와 목, 가슴 등을 살짝 건드린다(친다). 정수리를 건드리면서는 이렇게 발원한다.

"내 몸의 어두움이 사라지고, 붓다의 몸을 이루는 축복을 주소서."

목을 건드리면서는 이렇게 발원한다.

"내 말의 어두움이 사라지고 붓다의 말을 이루는 축복을 주소서."

마지막으로 가슴을 건드리면서는 이렇게 말한다.

"내 마음의 어두움이 정화되고 붓다의 마음을 이루는 축복을 주소서."

이들에게 절은 몸과 입과 뜻으로 짓는 세 가지 업을 정화시키고 나아가 보리심을 넓혀 나가겠다는 서원을 담은 행위인 것이다.

이렇게 합장을 하고 난 다음 오체투지를 한다. 우리와는 다른 오체투지로 몸을 쭉 뻗어 땅 위에 엎드린 후 손바닥으로 무릎 위의 땅을 때리기도 한다. 티베트 불교 신자들은 절을 할 때 몸에 닿은 흙의 알갱이 수만큼의 공덕이 쌓여 이 공덕으로 다음 생에는 이상적인 제왕인 전륜성왕으로 태어난다고 믿는다.

절을 할 때 엎드린 상태에서는 재빨리 일어나야 한다. 절을 하는 모습을 보면 온몸을 쭉 폈다가 반드시 재빠르게 일으키는 모습을 볼 수 있는데, 이는 절을 하다가 엎드린 상태에서 쉬게 되면 게으름으로 인해 좋지 않은 과보를 받는다고 믿기 때문이다.

스님들뿐만 아니라 일반 신도들에게 절 수행은 보편화되어 있다. 신심이 뛰어난 신도들은 삼보일배로 성지순례를 하기도 한다. 혹은 자기의 키만큼의 7, 8보 걷고 절하는 방식으로 한다. 중국인 감독 장양이 만든 영화 〈영혼의 순례길〉을 통해 눈길을 만나거나 냇물을 만나면 한겨울임에도 불구하고 철저히 삼보일배, 혹은 구보일배를 지키는 티베트인들을 보면서 온몸을 던져 하는 절이 어떠한 것인가를 느낄 수 있었다.

도반들과 함께한 봉정암 삼보일배

•

티베트인들의 간절하고 정성을 다한 삼보일배에 견줄 수는 없지만, 며칠 전 설악산 봉정암으로 삼보일배를 다녀왔다.

도반들과 함께 수행하는 모임 '금강카페'에서는 매해 11월 중순쯤에 봉정암으로 삼보일배 순례를 떠난다. 동심 거사를 주축으로 거행되는 이 순례가 어느덧 십 년 가까이 된다. 나는 세 번째 도전이었다. 몇 년 전 참가했던 두 번은 모두 날씨가 고르지 않아서 중도에 내려와야 했기 때문에 첫 도전이나 마찬가지였다.

봉정암 삼보일배 결전의 날, 새벽 세 시에 아홉 사람이 백담사 법당 앞에 모였다. 전날 저녁 예불을 올리고 숙소로 돌아갈 때 실눈이 내려 올라갈 수 있을까 걱정했는데, 아침에 일어나 보니 하늘에 별이 총총했다. 이번에 함께하는 도반들은 동심, 현로, 경란, 정진, 보리씨, 이정, 전여, 박선생, 그리고 나다.

일행을 간단히 소개하자면, 먼저 앞서 소개한 동심 거사. 이 순례단의 리더로 열다섯 번 정도 삼보일배로 봉정암을 다녀왔다. 삼보일배를 하며 생사의 기로를 넘기기도 한 사십 대 중반의 백전노장이다. 그가 아니었으면 매해 진행되는 이 순례는 존재할 수 없을 만큼 풍부한 경험과 끊임없는 수행으로 보살의 삶을 실천하며 출가자처럼 사는 도반이다.

다음은 오십 대 초반의 헤어디자이너 현로 거사. 작년에는 아내와 함께

왔던 애처가이자 티베트승 같은 분위기를 지니고 있다. 실제로 틈만 나면 인도의 다람살라, 티베트, 안나푸르나 등을 내 집처럼 드나들며 그곳 수행자분들의 겸손한 삶을 배우고 수없이 절하며 수행한다.

'한 번만 해 봐야지.' 했던 봉정암 삼보일배가 이번이 어느덧 여덟 번째라는 경란 보살. 절 수행으로 인생을 바꾼 사람으로 앞서 소개한 바 있는, 매사 겸손하고 남에 대한 깊은 배려가 몸에 밴 도반이다.

설악산의 품 안인 원통에 사는 정진 보살, 도반들이 설악산에 올 때마다 온갖 편의를 봐주며 여러 차례 삼보일배에 동참한 분이다. 설악산이 좋아 설악산에 사는 남자에게 시집왔을 만큼 설악산을 사랑하는 사람이다. 정성을 다해 절을 하는 모습이 모두에게 귀감이 되었다.

불교방송국 아나운서인 보리씨 보살, 대학생과 고등학생 남매를 둔 엄마인 그녀는 극한 도전을 즐기는 탓에 자연스럽게 도전했다. 꾸준히 마라톤으로 체력을 키웠기 때문인지 이번에 처음으로 출전한 삼보일배를 무사히 완주했다.

오십 대 초반의 직장인 부부인 이정 보살과 전여 거사, 두 분도 처음 출전이었는데, 앞서거니 뒤서거니 서로를 위로하고 챙겨 주는 모습이 아름다웠다.

타종교인이 경험한 삼보일배

마지막으로 박선생. 동심 거사의 직장 동료로 이번 참가자 중 최연소이자 유일한 비불자다. 연년생 고등학생 남매를 둔 엄마라고 했다. 출발하기 전날, 사십 대 초반의 기독교인이라는 그녀와 함께 자면서 참가하게 된 동기를 물어보았더니, '내 종교와 다른 어떤 것을 경험해 보고 싶어서요!'라고 짧게 대답했다. 이교도가 경험하는 삼보일배 수행은 어떨까. 취재자인 나의 호기심을 가장 자극한 동참자였다. 삼보일배를 마친 뒤 메일로 그녀는 참가하게 된 동기를 성심껏 적어 보냈다.

"그동안 저는 불상을 하나님의 절대 권력에 반하는 가장 최고의 우상으로 여겨 왔습니다. 미명의 새벽에 불상 앞에 정화수 한 사발을 떠 놓고 두 손을 가지런히 모아 오직 자식들과 가족의 안녕만을 비는 종교가 불교라고 생각해 왔습니다. 그랬기에 내 종교와 다른 이유를 찾거나 인정하려 하지 않았어요. 그러한 불교에 대한 막연한 오해와 무지를 불자인 동료를 통해 조금씩 걷어 내게 되었죠. 묵묵히 현실에서의 삶에 충실하며 신실하게 보살행을 실천해 나가는 그분을 통해 삼보일배에 대한 얘기를 듣게 되었습니다. 두 발로 산에 오르는 것이랑 별반 다를 게 없을 것이라는 단순 무지한 호기심이 발동해, 단지 그동안 제가 접해 보지 않은 새로운 어떤 일에 동참한다는 것에 의미를 담고 처음 시작했죠. 이번이 두 번째로 저 자신과 한 약속대로 끝까지 완주해 보자는 마음으로 다시 참여하게 되었습니다."

 결론적으로, 힘든 내색을 비치지 않고 남에게 피해를 주지 않으려고 노력하며 끝까지 완주한 그녀는 우리들에게 가장 많은 박수를 받았고, 그녀로 인해 우리는 다른 종교에 그렇게 마음을 열어 놓은 일이 있었는가를 돌아보게 되었다.

열다섯 시간의 긴 여정에서 깨달은 것들

백담사 법당 앞에서 간단한 예식을 올리고 새벽 3시 20분에 출발했다. 세 걸음을 걷고 첫 절을 경내 마당에서 했다. 온몸을 낮추고 이마를 대지에 대면 비로소 나를 진정으로 가장 낮춘다는 생각을 하게 되는데, 방석에 이마를 대는 것과 비교할 수 없는 경건함이 있다. 한 시간 단위로 50분 동안 삼보일배를 하고 십 분씩 쉬기로 하고 길을 떠났는데, 뒤에서 보니 아홉 명의 행렬이 말할 수 없이 경건해 보였다. 우리는 무엇 때문에 힘들게 절을 하며 그 높은 산을 올라가는 것일까. 언젠가 경험자들과 잠깐 이야기를 나누다가 이렇게 결론지은 적이 있다.

 "그냥 한다!"

 이보다 더, 적절한 답은 없을 것 같다. 나는 '그냥'이라는 이 말이 무언가에 갇히지 않은 말 같아서 참, 좋다. 아무리 좋은 것도 목적을 설정해 놓으면 거기에 갇히기 쉽지 않은가.

백담사에서 봉정암까지는 해발 1700미터, 보통 걸음으로 걸어가면 다섯 시간, 삼보일배로 가면 열다섯 시간이 걸린다. 말이 열다섯 시간이지 5, 6천 배를 하며 가야 하는 긴 고행의 길이다. 나는 이렇게 결심하고 첫 절을 했다.

"영시암까지는 오보일배, 그 다음은 자유롭게 걷다가 절하고 걷다가 절하고 천천히 설악산을 음미하면서 가리라."

외국 여행 중 일주일을 넘기다 보면 슬슬 내 나라의 산하가 그리워지기 시작하는데, 제일 먼저 생각나는 산이 봉정암이 있는 설악산이었다. 언젠가 한번은 절을 하며 봉정암에 오르고 싶었다.

첫 번째 휴식 시간을 가질 때, 깜깜한 숲속에서 모두들 탄성을 질렀다. 별빛 때문이었다. 별들이 뚝뚝 떨어질 것 같은 숲속에서 우리는 걸음을 한참 떼지 못했다. 자갈길, 흙길, 낙엽 진 길을 번갈아 걸으며 다시 길을 떠났다. 경험자, 초보자 할 것 없이 다들 경건하게 완벽한 자세로 절을 했다. 반듯한 길이 아닌데도 마치 평지인 양 한 배 한 배 정성을 다해 절하는 모습이 엄숙한 의식으로 다가왔다. 영시암까지 걸어서는 보통 한 시간 쯤 걸리는 거리인데, 도착하니 여덟 시가 넘어 있었다. 봉정암까지의 삼분의 일 거리인 영시암까지 다섯 시간 걸린 셈이다. 경험자들은 이 처음 3.5킬로미터가 가장 힘들다고 한다. 허리가 약한 편인 경란 보살이 의외로 힘들어했다.

"어휴, 허리가 끊어질 것 같네. 여기까지도 왔는데, 어떻게든 남은 길도 가게 되겠지."

정진 보살이 준비해 온 꼬마김밥으로 아침을 먹고 다시 길을 떠날 때, 첫 번째 삼보일배에서 새끼발가락의 발톱이 빠졌다는 그녀가 혼잣말로 한 저 말이 마치 인생을 두고 말한 것 같아 아직까지 긴 여운으로 남아 있다. 우리에게 주어진 인생이란 긴 길도 인욕한 채 무심히 한 걸음 한 걸음 가다 보면 목적지에 이르지 않겠는가. 무심이 세상을 움직이지 않는가, 그저 무심히 갈 뿐 다른 무엇이 있겠는가 싶다.

다시 50분 동안 삼보일배를 하고 쉬는 시간, 티베트에 여러 번 다녀온 현로 거사에게 순례길에서 만난 한 청년의 이야기를 들었다. 한쪽 몸이 마비된 성치 않은 몸의 삼십 대 청년이었는데, 티베트의 수도 라싸까지 이르는 4500킬로미터의 순례길에서 남이 주는 밥을 먹고 자며 삼보일배를 하고 있더라고 했다. 왜 이렇게 힘든 길을 가느냐고 물으니, "그냥! 끝까지 포기하지 않고 가는 것은 나와의 약속이니까."라고 했단다. 3년이 꼬박 걸리는 그 길에서 그 청년이 무엇을 깨달았을지는 경험해 보지 않고는 짐작조차 못할 것 같다. 쾌청한 날씨에 잘 먹어 가며 가는 우리들의 열다섯 시간의 삼보일배가 초라해지는 순간이었지만, 우리들에게는 또 우리들만의 소중한 삶이 있지 않은가. 다시 힘을 내 길을 떠난다.

오후 한 시에 산속 바위에 점심상이 차려졌다. 정진 보살의 평생도반께서 준비해 온 굵고 실한 김밥과 과일로 원기를 보충하고 다시 길을 떠난다. 여섯 시쯤 도착할 예정이라 하니 앞으로 네 시간은 더 남은 셈이다. 점심을 먹고 난 후 두 시간은 몸이 무거워져서인지 힘들게 느껴졌다.

그리고 오후가 되어 기온이 내려가자 바위와 땅이 더 차갑게 느껴져 무릎을 대는 것이 부담스러워졌다. 울퉁불퉁한 찬 돌들에 무릎을 댈 때마다 내 무릎이 성하려나, 냉기가 스며들어 냉병이라도 들지 않을까 하는 잡생각이 올라오기도 했다. 편히 걸어 올라가고 싶은 마음이 굴뚝같이 올라왔지만, 뒤에서 포기하지 않고 정성을 다해 삼보일배로 올라오는 도반들에게 미안한 마음이 들어 꾹 참고 십보일배를 했다.

평지를 걷듯 가볍게 올라가는 동심 거사를 제외하고는 봉정암이 가까워오는 깔딱고개를 전후로 모두 힘들어했다. 박선생은 "숨이 차올라서 무릎을 꿇은 자세로 엎드려 그대로 멈춰 있고 싶은 생각이 간절했지만 도반님들이 기다려 주고 용기를 준 그 힘으로 높다란 계단에 다시 한 번 한 번 무릎을 낮추었다. 그리고 한 발 한 발 내딛는 발자국 위에 두 손을 모아 몸을 낮추는 그 순간만을 바라보고, 내가 아닌 다른 이의 평안을 잠시라도 생각해 보라는 동료의 충심 어린 생각을 떠올리곤 했다."라고 뒤에 심정을 전했다.

봉정암까지 200미터를 앞두고는 정말 힘들었다. 다들 아무 생각도 나지 않았다고 한마디씩 했다. 드디어 6시 20분. 정확히 열다섯 시간 만에 아홉 명 모두 무사히 도착했다. 나는 마지막 절을 사리탑 부처님을 향해 했다.

"감사합니다."

아무 장애 없이 올라올 수 있었던 것이 얼마나 감사한가. 모두 같은 마음이었을 것이다.

봉정암에서 제공하는 따끈한 미역국으로 저녁을 먹고 저녁 예불도 하지 못한 채 모두 방에 쓰러지듯 누웠다. 뜨끈뜨끈한 방에 몸을 뉘였으나 잠이 오지 않았다. 전날 백담사에서도 잠이 오지 않아 뜬 눈으로 밤을 새워서 푹, 자고 싶은데 어쩌면 그렇게 잠이 오지 않는지 곁에서 크고 작은 숨소리를 내며 자고 있는 도반들이 그렇게 부러울 수가 없었다. 수없이 차가운 돌 위에 무릎을 댔는데도 무릎이며 다리는 괜찮은데 시간이 흐를수록 열 손가락이 아려 왔다. "주인님, 평소에 저희들도 좀 살펴 주세요." 하는 소리가 들리는 듯했다. 그동안 나를 지켜 준 내 신체 모두에게 미안한 마음과 고마운 마음을 보냈다.

새벽 세 시 예불에 맞춰 간단히 세수를 하고 법당으로 올라가 기도 스님의 염불 소리에 맞추어 108배를 하며 염원했다.

"세상의 모든 생명이 행복하기를!"

미역국으로 아침을 먹고 일곱 시에 모여 사리탑에서 감사의 회향식을 가졌다. 내려오는 길, 이런저런 이야기를 나누며, 올라갈 때 보지 못했던 설악산의 풍경을 감상했다. 저 멀리 여명의 태양빛에 의해 금빛으로 드러나는 산이 참으로 아름다웠다. 힘든 것을 해낸 자들만이 누릴 수 있는 이 여유로움과 감사함, 어쩌면 우리는 이 감사함이 삶에서 절대적인 것임을 확인하기 위해 이 길을 걸었는지도 모른다. 서로를 배려하며 함께했던 사람들에 대한 고마움, 내 곁의 아름다운 사람들이 나를 만든다는 사실을 확인하고 싶어서였는지도 모른다.

우리에게 편한 길을 제공하기 위해 험한 산속에 다리를 놓고 평평한 돌로 길을 만든 고마운 손길들, 우리를 말없이 외호해 주었던 자연이 나와 하나라는 사실을 깨닫기 위해 걸었던 것은 아닐까. 또 그렇게 수천 번 무릎을 꺾었음에도 다음 날 가뿐히 일어날 수 있는 무한한 힘이 우리에게 내재해 있다는 것을 깨우치기 위한 것은 아니었을까. 그런 생각을 하며 산을 내려왔다.

힘든 것을 해낸 자들만이 누릴 수 있는 이 여유로움과 감사함, 어쩌면 우리는 이 감사함이 삶에서 절대적인 것임을 확인하기 위해 이 길을 걸었는지도 모른다. 서로를 배려하며 함께했던 사람들에 대한 고마움, 내 곁의 아름다운 사람들이 나를 만든다는 사실을 확인하고 싶어서였는지도 모른다.

나가는 글

행복하고 싶으면
지금 여기에 충실하라

번뇌가 치성하던 젊은 날, 어떻게 하면 고통스러운 지금의 나에게서 벗어나 행복한 삶을 살 수 있을까 길을 찾다가 108배를 하게 되었고, 3천 배도 하게 되었다. 하다 보니 몸이 가벼워졌고, 가볍다 보니 마음이 맑아졌다. 맑아지니 밝아졌고 밝아지다 보니 내가 어떤 사람인지, 어떻게 살고 있는지가 보였다. 보이다 보니 지난날의 잘못을 참회하게 되었다. 참회를 하다 보니 지금 내 앞에 있는 삶의 모든 것에 감사하게 되었고, 감사하다 보니 세상을 받아들이는 마음 밭이 조금씩 넓어졌다.

마음 밭이 넓어지자 굳이 무엇을 바라지 않고 현재의 삶에 충실하기만 해도 행복할 수 있다는 것을 깨닫게 되었다. 실로 엄청난 가치관의 변화였다. 이러한 108배 자체가 주는 변화와 행복감을 함께 나누고 싶었던 것이 절 수행에 대한 글을 쓰게 하지 않았나 싶다.

며칠 전 일본의 한 사찰에서 열흘 정도 정진을 하고 온 도반을 만났다.

남편의 고향인 호주에 이주해서 살고 있는 그녀는 매해 이맘때면 직장에서 장기 휴가를 얻어 한 달 정도 마음공부에 몰입하고는 한다. 올해는 어깨에 탈이 나서 치료차 휴가를 당겨쓰느라 정진하는 날이 짧아 아쉬웠다고 하는데도 안거에 들었다가 막 산문을 나온 스님처럼 맑은 분위기를 풍기고 있었다. 그곳에서 공부하던 얘기를 하다가 문득 이런 얘기를 했다.

"정진을 하면서 아무런 관념 없이 현재에 집중하는 법을 익히는 것 같아요. 그것이 물 흐르듯 자연스럽게 삶에 스며들 때 안심을 얻지 않나 싶습니다."

그러면서 그녀가 들려준 이야기가 108배 수행의 의미를 말해 주는 것 같아 마음에 남아 있다. 몇 해 전 일본의 저 사찰에서 공부할 때의 일이라고 한다. 육십 대 중증 암 환자인 한 남자분이 수술을 받는 대신 절에 와서 참선을 하다가 세상을 떠나고 싶다며 입소를 청했다. 수술을 하지 않고 정진에 전념한다면 있어도 좋다는 지도 스님의 허락을 받고 그는 각 나라에서 모인 3, 40명의 도반들과 참선에 들었다. 그는 선방 문 가까이에 앉았다가 힘에 부치면 나가서 쉬기도 하고, 응급처치가 필요할 때는 병원에 가서 치료를 받기도 하며 정진했다. 나의 도반은 시시각각 육신이 허물어져 가는 그의 모습을 보며 무상한 삶과 죽음의 실체를 가까이에서 보았다고 한다. 인간이 겪는 생로병사의 모습을 여실히 보면서 무엇보다 크게 배운 바가 있다고 하는데, 삶에서 진정으로 필요한 것은 지금 여기에 아무런 분별없이 몰두하는 일이라는 것이 큰 배움이었다는 것이다.

"죽음을 거부하지 않고 두려워도 자연 자체로 받아들이고 스승의 인도를 받으면서 죽음을 맞이하겠다던 그분의 말씀을 들으면서 참으로 용기 있는 분이구나 생각했죠. 그런데 예를 들어 입가에 흘러내린 그분의 침을 닦아 줄 때 자존심 상해하지 않을까, 싫어하지는 않을까, 직접 하도록 내버려 두어야 하는 것 아닌가, 사실 이런 생각은 아무 소용이 없죠. 침이 흘렀으니 곁에 있던 내가 닦아 주는 그 행위 외에 다른 생각은 무의미한 거예요. 처음 그분의 시중을 들어 드릴 때는 그분을 돕는다는 마음이었는데, 시간이 흐르면서 그분한테 도움을 받고 있는 저를 발견했고, 그러다가 사실은 서로 도움을 주고받았는데, 나중에는 주는 것도 받는 것도 아닌 그냥 서로가 할 일을 하고 있을 뿐이었던 거예요."

그냥 서로가 할 일을 하고 있을 뿐! 그렇다. 삶은 그렇게 이렇다 저렇다 하는 분별없이 순간순간 할 일을 다 할 뿐인 것이다. 그것이 무심으로 사는 삶이며 무심일 때 가장 자연스러운 최선의 삶이 되는 것이다.

십오륙 년 전, 큰아이가 중학교에 다니던 겨울의 일이다. 해인사에 다녀오면서 문경에 있는 절에 가기 위해 산길에 들어섰는데 갑자기 눈이 내리기 시작했다. 날도 어둑어둑해질 때 산속에서 그것도 재를 넘는데 눈을 만났으니 정말 난감한 일이었다. 나중엔 폭설로 변해 앞이 보이지 않았고 길이 미끄러워 브레이크를 밟은 채 내리막길을 내려가는데, 온갖 생각이 다 올라왔다. 조금 일찍 가겠다고 대로를 놔두고 산길로 들어온 일이 후회막급이었고, 이러다가 옆 계곡으로 떨어지면 어쩌나, 눈이 그치지 않으면 이 산속에서 어쩌나, 마을이 보이려면 얼마를 더 가야 하나, 별별 생각을 다 하며 두려움에 떨던 나는 딸의 외침을 듣고 정신을 차렸다.

"엄마! 우리 관세음보살을 부르자."

이럴 때 아이들이 어른보다 훨씬 지혜롭다. '그렇지, 염불!' 염불에 정신을 집중하자 마음이 안정되었다. 뒤에서 천천히 따라오는 몇 대의 차들도 위로가 되었다. 기다시피한 채 산속 길을 내려온 지 한 삼십 분 지났을까 드디어 저 멀리 마을의 불빛이 보이기 시작했다. 생각보다 빠르게 산길을 내려온 것에 얼마나 안심이 되었는지, 그때의 일을 두고두고 잊지 못한다. 인생에서도 그렇게 생각보다 빠르게 위기의 순간이 지나간다는 것, 삶의 순간순간에 필요한 것은 그때 필요한 일을 할 뿐, 과거나 미래 등 다른 생각은 사실 불필요하다는 것을 깨달았던 그때의 일이 지금도 생생하게 남아 있다.

선지식들은 말한다. 삶은 오직 모를 뿐이라고, 그러므로 정성을 다해 나갈 뿐 다른 게 없다고. 그런데 그 정성을 다해 나아가는 것이 간단하지가 않다. 한두 번의 경험이나 생각, 누군가의 가르침 가지고는 궁극적인 해결이 안 된다. 그래서 우리는 108배를 하고 참선을 하고 염불을 한다. 그 수없는 연습 과정을 거쳐 내 것으로 만드는 일이 중요하기 때문이다. 108배, 3천 배에 정성을 다해 몰입했던 순수무잡의 경험을 삶에 대입시키기 위해 수행을 하는 것이다.

고양이가 쥐를 잡듯 닭이 알을 품듯 그러한 집중과 정성으로 인생을 살면 이루지 못할 것이 없다고 선지식들은 말한다. 또 행복하게 살 수 있는 방법들을 다양하게 들려주지만, 들을 때 잠시 위로될 뿐 내 것이 되지는 않는다. 그러나 108배를 하고 3천 배를 지속적으로 하며 내 몸으로 익히면, 저 금쪽같은 말씀들이 백번 옳은 말씀으로 다가오고, 드디어는 내 것이 된다. 명백히 몸과 마음으로 익힌 108배의 힘인 것이다.

108배로 변화된 삶을 사는 사람들 이야기

108배의 힘을 경험한 사람들이 생각보다 많았다. 신문에 108배 연재가 나가자 많은 분들이 108배를 하고 있음을 알려 왔다. 도반 한 분은 아들이 절하는 방석에서 손자가 앉아 노는 감동적인 사진을 보여 주었다. 멀리 미국에서 치과의사를 하고 있는 아들이 유학시절부터 시작해서 결혼해 아이를 낳고 취업을 한 지금까지 108배를 하고 있다는데, 유학 생활의 어려운 고비들을 넘기고 유능한 의사가 되는 데 108배가 한몫을 한 것 같아 누구에게나 절을 권하고 있는 나로서는 아주 고무적인 얘기로 다가왔다.

 매일 새벽, 108배를 하고 있다는 여성 번역가 한 분은 다리를 다쳐 병원엘 가게 되었는데, 절을 하다가는 무릎에 큰 무리가 올 거라면서 절대로 절을 하지 말라는 의사의 말을 들었다. 그 말을 듣고는 혹시나 늙어 고생할까 봐 108배를 반으로 줄여 54배를 했다. 그런데 영 마음도 몸도 개운하지가 않더라는 것이다. 그래서 다시 108배를 하기 시작한 지 십여 년이 넘었는데, 오늘날 108배가 주는 그 기쁨은 말할 수 없이 크다는 것이다. 108배를 해서 나중에 혹여 관절염으로 고생할지도 모른다는 염려보다도, 지금 자신에게 기쁨을 주는 108배를 선택, 경험하겠다는 것이 그녀의 절 수행에 대한 신념이다. 몸과 마음이 편해졌기 때문이다.

또 한 거사님은 어머니가 신심 깊은 불자로 한평생 수행을 하신 분임에도 불구하고 무늬만 불자이다가 몇 해 전 본 한 권의 책에서 '한 번의 참 절을 하기 위해 만 번의 헛절을 한다.'는 내용을 보고 절을 하기 시작했다. 출근하기 전에 삼배부터 시작한 절이 108배가 되었다가 3년이 지난 지금은 매일 3백 배를 하고 있다. 가장 큰 변화는 건강이다. 절을 하고 출근을 할 때는 세포 하나하나가 더 깨어나는 느낌이 들고, 몸 전체가 따뜻해지는 느낌이어서 기분이 좋다고 한다. 젊을 때부터 소화력이 약해 바짝 말랐던 몸이 절을 하고 나서 조금씩 불어나기 시작하더니 지금은 보기 좋게 체중이 늘고, 주위 사람들에게 나이 들수록 멋있어 보인다는 말을 자주 듣는다. 무언가를 바라고 성취하기 위해 절을 하는 것이 아니라 욕심을 내려놓는 것이 절 수행이라는 걸 안 것도 큰 수확이라고 했다.

등산 애호가였던 거사님 한 분은 칠십 세가 넘어 뇌출혈을 겪고 나서 등산도 못 다니고 변변한 운동을 못하다 보니 팔을 뒤로 돌리기도 어려울 만큼 몸이 굳었다. 매일 108배를 하며 몸의 근육을 썼더니 팔을 자유자재로 움직이게 되고 건강이 회복되었다며 좋아했다.

딸의 결혼을 앞두고 백 일 동안 매일 1080배를 하면서 축복하는 마음으로 결혼을 받아들이게 된 내 친구, 새로운 일을 앞두고 21일 동안 매일 108배를 하면서 전의를 다진 스물아홉 살의 내 큰딸, '괜찮아 108배가 있으니까!' 하고 언제든 힘들 때마다 108배를 하는 작은딸도 108배 동지다.

턱관절로 고생하다가 절을 해서 관절 치료는 물론 성형한 것보다 더 멋지고 예쁜 턱을 갖게 되었다는 어느 아버지와 딸도 있고, 잘못된 자세로 인해 틀어진 골반이 제자리로 돌아온 사람도 있었다. 집중력과 정신력을 키우고 다이어트를 위해 매일 아침 108배를 하고 있다는 영화배우 문소리 씨, 매일 새벽 6백 배를 하며 부도의 위기를 이겨 내고 사업체를 큰 기업으로 도약시킨 기업인도 있다.

무명 속을 헤매는 중생으로부터의 환골탈태를 염원하며 매일 새벽 산사를 찾아 1080배를 하는 한의사, 새 생명의 탄생을 기다리며 공손한 마음으로 108배를 하고 있는 새댁, 자식을 위해 수천 번 무릎을 꿇으며 절하는 부모님들도 있다. 스승에게 화두를 받기 위해 3천 배를 했던 스님들은 아직도 매일 108배를 하고 있다.

많은 사람들이 이렇게 108배를 하면서 자신을 변화시켜 가고 있다. 마음만 먹으면 언제 어디서나 할 수 있는 108배, 행복한 삶을 원한다면 지금 바로 실천해 보시길 바라며, 마지막 글을 마친다.

"능동적이고 행복한 삶으로 변화시키는 방법으로 108배만 한 것이 없다!"

참고도서

『기도』, 일타 스님 지음, 효림출판사

『깨달은 절수행이란?』, 청견 스님 지음, 다르마킹

『나의 행자 시절』, 박원자 지음, 다할미디어

『백일 법문』, 성철 스님 지음, 장경각

『성철 평전』, 김택근 지음, 모과나무

『수행하는 즐거움: 아비라카페의 삼천배 이야기』, 덕도 최정태 엮음, 장경각

『영원에서 영원으로: 불필 스님 회고록』, 불필 스님 지음, 김영사

『오체투지: 매일 천 배를 하는 경혜의 절 이야기』, 한경혜 지음, 작가의 집

『인생을 낭비한 죄』, 박원자 지음, 김영사

『인홍 스님 일대기: 길 찾아 길 떠나다』, 박원자 지음, 김영사

『절 수행 입문』, 대한불교조계종 교육원 불학연구소 지음, 조계종출판사

『하루 108배, 내 몸을 살리는 10분의 기적』, 김재성 지음, 아롬미디어

『하루 1분 학습법』, 키시모토 히로시 지음, 박영률출판사

내 인생을 바꾼 108배

초판 1쇄 발행 2018년 12월 20일
초판 6쇄 발행 2021년 12월 10일

지은이 | 박원자
펴낸이 | 이수미
북디자인 | 석운디자인
마케팅 | 김영란

종이 | 세종페이퍼
인쇄 | 두성피앤엘
유통 | 신영북스

펴낸곳 | 나무를 심는 사람들
출판신고 | 2013년 1월 7일 제2013-000004호
주소 | 서울시 용산구 서빙고로 35 시티파크 1단지 103동-804호
전화 | 02-3141-2233 팩스 | 02-3141-2257
이메일 | nasimsabooks@naver.com
블로그 | blog.naver.com/nasimsabooks

ⓒ 박원자 2018

ISBN 979-11-86361-85-6 03220

이 책은 저작권법에 따라 보호받는 저작물이므로 무단전재와 무단복제를 금지하며,
이 책 내용의 전부 또는 일부를 이용하려면 반드시 저작권자와 나무를 심는 사람들의 서면 동의를 받아야 합니다.
이 도서의 국립중앙도서관 출판시도서목록(CIP)은 서지정보유통지원시스템 홈페이지(http://seoji.no.go.kr)와 국가자료공동목록시스템(http://www.nl.go.kr/cip.php)에서 이용하실 수 있습니다. (CIP제어번호: 2018040030)

책값은 뒤표지에 있습니다. 잘못된 책은 바꾸어 드립니다.